<그리스도인이면 꼭 알아야 할 성경 지식>

훌륭한 부모가 되기 위한 조건

서울솔로몬학교 성경연수원

차 례

이 책에 인용된 성경 구절은 〈한글킹제임스성경〉입니다.

제1과

성경적인 그리스도인의 가정이란?

『만일 누군가가 자기 친족, 특히 자기 가족을 돌보지 않는다면 그는 믿음을 부인한 자요, 불신자보다 더 나쁜 자니라』(딤전 5:8).

가정이란 무엇인가?

『그러므로 남자가 자기 아버지와 자기 어머니를 떠나서 자기 아내와 결합하리니, 그들이 한 몸이 될 것임이니라』(창 2:24). **『네 아내는 네 집 옆의 열매 가득한 포도나무 같으며 네 자식들은 네 식탁 주위에 있는 올리브 나무 같으리로다』**(시 128:3). 이 세상에서 아름답고 화목한 가정을 이루는 것을 원치 않는 사람은 없다. 아름다운 가정 안에는 편안한 쉼이 있고 사랑과 행복이 있다. 온전한 가정을 통해 가족 구성원 모두가 올바르게 성장해 가고 험난한 인생을 살아갈 힘과 위로를 얻는다.

"가정은 평화의 장소다. 위험에서뿐만 아니라 두려움과 의심, 분열 등으로부터도 피할 수 있는 유일한 안식처다"(영국의 문학 평론가 "존 러스킨"). "가정은 지상의 낙원이다. 이것이 없으면 그는 이미 지옥에 있는 자다"(일본의 기독교 사상가 "우치무라 간조"). "그리스도인의 가정"은 하나님의 뜻이 이 땅에서 이루어지는 공간이고, 천상의 복을 미리 맛볼 수 있는 장소이다. 물론 그것은 남편과 아내와 자녀들 모두가 성경대로 믿는 그리스도인으로서 각자의 자리를 지키고 본연의 의무를 다할 때 얻을 수 있는 복이다. 찰스 스펄전은 말하기를 "가정을 떠나 있을 때가 가장 즐겁다고 말하는 남편이나 아내를 보면 매우 불쌍한 생각이 든다."라고 했고, 마틴 루터는 "가정의 행복과 불행은 그 민족의 행복과 불행의 근원이다."라고 말함으로써 "가정의 중요성"을 일깨우고 있다.

가정의 시작과 중요성

1. 가정은 하나님께서 주신 선물이다.

1) 하나님께서 지상에 세우신 기구는 "가정"과 "교회"와 "국가"이다. 이 중에서 가정이 가장 먼저 세워졌고 교회와 국가를 구성하는 기초가 된다.

2) 역사가 시작된 이래로 인류에게 가정을 만들어 주신 분은 하나님이시다. 남자는 자기 아버지와 어머니를 떠나 자기 아내와 결합하고 한 몸이 됨으로써 가정을 이루어야 하는데(창 2:24), 그것은 하나님께서 결합해 주신 것이기에 인간들이 제멋대로 나누거나 파괴해서는 안 된다(마 19:6).

3) 모든 인간은 가정을 지키고 올바르게 세워야 할 책임과 의무를 다해야 한다.

> "가정은 아버지의 왕국이고, 어머니의 영토며, 아이들의 보금자리다. 가정은 안심하고 모든 것을 맡길 수 있는 공간이고, 서로 의지하고 사랑하며 사랑을 받는 곳이다"(영국의 소설가이자 문명 비평가 "허버트 조지 웰스").

2. 최초의 가정은 인류의 타락과 함께 파괴되었다.

1) 인류 최초의 가정은 "남자와 여자"의 결합 속에서 하나님의 복을 받으며 하나님의 동산(에덴동산)에서 시작되었지만(창 2:24,25; 5:2), 사탄의 개

입으로 인해 하나님의 명령에 불순종함으로써 타락하여 죽음과 저주에 이르고 말았다(창 3:1-24).

2) 인류의 타락 이후 아담(남편), 이브(아내), 카인과 아벨(자녀들)을 중심으로 가정의 규모가 확대되었지만, 인류 "최초의 살인"이 가정 내 자녀들 사이에서 벌어졌으니, 곧 "동생"을 시기한 "형"이 그를 죽이고 만 것이다(창 4:1-8).

> 하나님께서 가정에 관해 관심을 가지시는 만큼 사탄 역시 가정에 관해 지대한 관심을 두고 있다. 그래서 가정을 파괴하기 위해 혈안이 되어 있는 것이다. 오늘날 교회 시대에 사탄의 주된 관심은 "교회"에 있는데, 사탄은 교회를 파괴하기 위해 가장 먼저 "개인"과 "가정"을 공격한다. 특히 가정을 무너트림으로써 영적인 힘을 발휘할 수 없게 만드는 것이다. **『사람의 원수들은 그의 가족 중에 있으리라』**(마 10:36). 이러한 측면에서 가정을 지키는 일은 매우 중요하다.

3. 하나님께서는 "그리스도인 가정"을 통해 가정의 본질을 회복하신다.

1) 하나님께서는 인류의 역사 속에서 "하나님의 가족"을 만들어 오셨고(엡 2:19; 3:15, 시 45:1-17), 그 가족 안에는 한 "신부"이자 "아내"가 있는데(계 19:7; 21:9), 그녀는 하나님의 아들이신 예수 그리스도의 신부요, 아내인 "교회"이다(엡 5:22-33, 고후 11:2).

2) 하나님께서는 "예수 그리스도"(머리인 남편)와 "교회"(몸인 아내)의 관계를 통해서(엡 5:31,32) "그리스도인 남편"과 "그리스도인 아내"를 중심으

로 구성된 "**그리스도인 가정의 이상적인 모습**"이 무엇인지를 제시해 주신다(엡 5:22-6:4, 골 3:18-21, 벧전 3:1-7, "제2과 가정에서의 남자와 여자의 역할" 참조).

『나물로 마련한 저녁에 사랑이 있는 것이 살진 수소가 있으나 미워하는 것보다 나으니라』(잠 15:17). 많은 집이 차마 "가정"이라고 할 수 없을 정도로 심각하게 파괴되어 있다. 옛말에 "가정을 만드는 데는 상당한 인생이 투여된다."라는 말이 있다. 한 남편이 아내에게 이렇게 말했다. "당신, 나한테 복종하겠다고 헌신 시간에 약속했잖아." 그러자 아내가 이렇게 말했다. "물론 그렇지만 지금은 하고 싶지 않아요." "방금 뭔가가 내 마음에 들어왔다가 다시 나가 버리는군"(남편). "아마도 외로움이겠지요"(아내). "당신과 내가 한 번이라도 어떤 일에 대해 생각을 같이할 수 있다면 좋을 텐데"(남편). "내가 틀렸다는 말이군요"(아내). "당신도 인정해야 한다고. 남자가 여자보다 판단력이 더 좋아"(남편). "아, 물론이지요. 당신은 나와 결혼했고, 내가 당신과 결혼한 것을 보면 알 수 있어요!"(아내)

남편과 아내의 관계와 관련하여 이런 말들이 자주 회자된다. "자신의 아내를 부양하기 힘들다고 생각되면 부양하지 않으려고 시도해 보라." "어떤 여자들은 사랑 때문에 결혼하고, 어떤 여자들은 생계비 때문에 결혼한다." "여자가 남편에게 설교할 때 그 끝은 '헌금'을 걷는 것으로 끝을 맺는다." "재혼은 경험의 승리라기보다는 희망의 승리라고 할 수 있다." "남자에게 거짓말은 마지막 수단이고, 여자에게 거짓말은 구급 요법이다." "어머니가 소년을 성인으로 만드는 데는 21년이 걸리지만, 다른 여자가 그를 21분 만에 바보로 만들어 버린다." "나쁜 여자는 많은 훌륭한 남자들에게 지옥을 불러일으키지만, 선한 여자는 단 한 남자에게만 지옥을 불러일으킨다." "농장에서 사는 한 가지 장점은 아내와 싸우는 것을 이웃 사람들이 들을 수 없다는 것이다." "훌륭한 저녁 식사를 한 다음에는 누구라도 용서할 수 있다. 심지어는 아내까지도 용서할 수 있다." "결혼은 부부가 빛 속에 있는 것처럼 사랑 속에 깊이 잠겨 있을 때만이 행복하다." [〈피터 럭크만의 주석서 잠언〉, pp.314,315에서 발췌]

그리스도인의 가정이란 무엇인가?

1. 하나님의 뜻을 수행하고 하나님께 영광을 돌리는 곳이다.

1) 그리스도인의 가정은 기본적으로 가정 자체의 행복보다는 하나님의 영광을 위해 세워졌으며, 가정의 행복은 그 목적을 온전히 수행했을 때 얻게 되는 열매다.

2) 그리스도인의 삶의 목표는 단순히 개인과 가족의 행복에 있지 않고, 그를 위해 죽었다가 다시 살아나신 예수 그리스도를 위해 사는 데 있으므로(고후 5:15), "그리스도인의 가정의 목표" 역시 하나님의 뜻을 실행하고 하나님께 영광을 돌리는 일에서 벗어나면 안 된다.

3) 하나님의 뜻이 이 땅 위에서 이루어지는 기본 단위는 그리스도인의 가정이므로, 성경대로 믿고 실행하는 가정은 재림 때 이 땅에 세워질 "하나님의 왕국의 모형"이라 할 수 있고, 또한 "천상의 복"을 미리 맛볼 수 있는 공간이기도 하다.

그리스도인의 가정은 항상 하나님께서 가정을 세우신 목적에 맞게 유지되어야 하는데, 그 책임과 의무는 남편과 아내 모두에게 주어져 있다. 따라서 결혼을 통해 이루어진 가정은 단순히 남편과 아내 두 사람의 가정이기 이전에 주님의 가정이고, 자녀들 또한 두 사람의 자녀들이기 이전에 주님의 자녀들이다. 이렇듯 주 예수 그리스도를 가정의 주인으로 모실 때 그 가정은 가장 바람직한 모습이 될 수 있다. 누군가가 잘 말했듯이 "예수 그리스도께서는 이 가정의 주인이시고, 식사 때마다 보이지 않으시는 손님이시며, 가정에서 일어나는 모든 대화를 조용히 들으시는 분이시다."

2. 강성한 교회를 위한 기반이다.

➡ 그리스도인의 가정들이 모여 지역 교회를 형성하기 때문에(행 16:30-34; 18:8, 롬 16:10,11, 고전 1:11,16; 16:15, 빌 4:22, 딤전 3:12 등), 각 가정이 성경적으로 올바르고 강성하게 서야 교회가 강성해질 수 있다.

3. 하나님의 말씀이 지배하는 공간이다.

1) 그리스도인의 가정은 "하나님의 말씀"에 따라 운영되고 다스려져야 하며, "진리의 지식"을 따라 가정 내의 모든 권위와 질서가 올바르게 유지되어야 한다. 곧 "성경 말씀"에 따라 모든 의사 결정이 이루어지고 통제되어야 하는 것이다. 『**이와 같이 너희 남편들아, 아내들을 더 연약한 그릇으로서 또 생명의 은혜를 함께 상속받을 자로서 귀히 여기되, 지식을 따라 그들과 동거하라. 이는 너희의 기도가 막히지 않게 하려 함이니라**』(벧전 3:7).

2) 남편과 아내 사이에, 부모와 자녀들 간에 하나님의 말씀인 성경을 함께 읽고 묵상하고, 또한 각자가 깨달은 내용을 서로 이야기하는 일이 자연스러운 일이 되어야 하지 결코 어색하고 낯선 풍경이 되어서는 안 된다.

『만일 **주**를 섬기는 것이 너희에게 악하게 보이거든 하수 건너편에서 너희 조상이 섬기던 신들이거나 너희가 거하는 땅의 아모리인의 신들이든 간에 너희가 섬길 자를 오늘날 너희가 택하라. 그러나 나와 내 집은 **주**를 섬기리라』(수 24:15).

"성경을 상고하라. 하루에 두세 장 정도의 적은 분량이라도 성경을 읽는 것을 절대로 거르지 말아야 할 것이며, 어떤 중대한 일이 있다 하더라도 빠뜨리는 일이 생겨서는 안 된다. 내가 양육하는 아이들이 일찍 성경을 읽기 시작하면 할수록 그만큼 더 그들 나라의 유익한 시민이 되고 사회의 훌륭한 일원이 될 것이라고 나는 확신한다. 나는 성경을 그렇게 존경한다. 나는 여러 해 동안 1년에 한 번씩 성경을 통독했다"(미국의 제6대 대통령 "존 퀸시 애덤스").

"나의 사상이나 생활양식에서 칭찬할 만한 것이 있다면, 그것은 어렸을 때부터 성경을 사랑하는 마음을 심어 주신 부모님 덕분이다. 우리가 성경의 가르침을 따라 꾸준히 준행하면 우리나라는 번영에 번영을 지속할 것이지만, 성경의 지시와 권위를 경시하면 어떤 사람도 얼마나 급작스럽게 재앙이 우리를 삼키고 우리의 모든 영광을 잿더미로 묻어 버릴지 단언할 수 없다"(미국의 정치가 "다니엘 웹스터").

4. 그리스도인 자녀가 만나는 최초의 교육 기관이다.

➡ 그리스도인의 가정에서 "그리스도인 부모"는 자녀들의 부모이기 이전에

"훌륭한 교사들"이다. 따라서 주님이 자신에게 맡겨주신 자녀들의 "양육의 의무"를 다하기 위해 노력해야 한다. 자녀들을 낳았다고 해서 부모가 아니라, 자녀들이 하나님 앞에서 올바르게 자라고 하나님께서 그들을 세상에 보내신 목적을 올바르게 이루어 나가도록 인도하는 교사의 의무를 다해야 "참된 부모"라고 말할 수 있다.

『특히 네가 호렙에서 **주** 너의 하나님 앞에 섰던 날에 **주**께서 내게 말씀하시기를 "백성들을 함께 내게 모으라. 내가 그들에게 내 말들을 들려 주어 그들로 세상에 사는 모든 날 동안 나를 두려워함을 배우게 하고, 또 그들로 그들의 자녀들을 가르치게 하리라." 하셨느니라』(신 4:10). "가정은 그리스도인의 인격을 훈련하기 위해 하나님께서 규정해 놓으신 장소다"(마틴 루터). "교회는 설교하고, 학교는 가르치며, 가정은 이를 소화하는 기관이다"(미상). "가정이여, 그대는 도덕의 학교다"(스위스의 교육자 J.H. 페스탈로치).

사탄은 그리스도인의 가정을 노리고 있다. 그 가정이 하나님의 뜻과 명령에 순종하지 않으면 마귀에게 틈을 주게 되고 결국 무너지고 만다. 아름답고 행복한 가정은 자동으로 주어지지 않는다. 정원을 부지런히 돌보지 않으면 정원이 잡초로 무성해지듯이, 가정 역시 제대로 관리되지 않고 방치되면 가정은 그 소중한 기능을 상실하고 마귀의 공격에 취약해진다. 따라서 남편, 곧 아버지를 중심으로 온 가족 구성원이 힘을 합하여 각자의 자리를 지키고 각자가 가정 안에서 지켜야 할 의무를 다해야 한다. 『만일 누군가가 자기 친족, 특히 자기 가족을 돌보지 않는다면 그는 믿음을 부인한 자요, 불신자보다 더 나쁜 자니라』(딤전 5:8).

제1과
복습문제

1. 하나님께서 지상에 세우신 기구는 ( )과 "교회"와 "국가"이다.

2. 『사람의 원수들은 그의 ( ) 중에 있으리라』(마 10:36).

3. 하나님께서는 "그리스도인 가정"을 통해 가정의 본질을 회복하신다. (O , X)

4. 그리스도인의 가정은 기본적으로 가정 자체의 행복보다는 하나님의 영광을 위해 세워졌으며, 가정의 행복은 그 목적을 온전히 수행했을 때 얻게 되는 열매다. (O , X)

5. 『이와 같이 너희 남편들아, 아내들을 더 연약한 그릇으로서 또 생명의 은혜를 함께 상속받을 자로서 귀히 여기되, ( )을 따라 그들과 동거하라. 이는 너희의 기도가 막히지 않게 하려 함이니라』(벧전 3:7).

6. 『만일 누군가가 자기 친족, 특히 자기 ( )을 돌보지 않는다면 그는 믿음을 부인한 자요, 불신자보다 더 나쁜 자니라』(딤전 5:8).

■ 복습 문제의 정답은 홈페이지(www.solomonbtc.org)에서 확인할 수 있습니다.

NOTES

NOTES

제2과

가정에서의 남자와 여자의 역할

『그러므로 너희도 각기 자기 아내를 자신처럼 사랑하고 또 아내도 그 남편을 경외하라』(엡 5:33).

위협받는 가정

오늘날 가정은 점점 더 심각한 위기에 내몰리고 있다. 이것은 해마다 증가하는 이혼율이라든지, 가정 폭력 등과 같이 세상에서 사회문제로 다루어지고 있는 이슈들만을 보고 말하는 것이 아니다. 교회의 형태는 있으나 내용이 없는 교회가 죽은 교회이듯이(계 3:17), 가정의 형태는 있으나 내용이 없는 가정 또한 죽은 가정이요 하나님의 계획에서 멀어진 가정이다.

하나님의 계획에는 반드시 마귀의 공격이 있다. 그렇기에 하나님께서 그리스도인의 가정에 대해서 갖고 계신 계획을 망가뜨리기 위해 마귀가 그리스도인의 가정을 공격하는 것이다. 하지만 많은 그리스도인의 가정들이 가정을 향한 하나님의 명령에 불순종함으로써 마귀에게 틈을 내준 채 하나님의 계획 안에 들지 못하고 있으며, 그 결과 하나님께서 원하시는 열매를 맺지도 못하고 있다.

열성을 다하여 하나님과 동행하고자 애쓸지라도, 그리스도인의 가정들 대부분이 가정을 온전히 지키지 못하고 관리하지도 못한 채 계속 방치함으로써 마귀에게 공격당하고 있다. 아름답고 행복해야 할 가정이 제대로 관리되지 못하고 방치되면 결국 가정의 기능을 잃어버리게 된다. 하나님께서는 가정을 지키고 돌보는 일을 위해 남자에게 권한과 책임을 주셨고, 그 남편을 돕는 자로 아내를 세우셨다(창 2:18,21-23).

남자의 위치와 남편으로서 해야 할 역할

1. 남자와 여자의 위치

1) **하나님께서는 창조 목적에 따라 먼저 남자를 지으셨고, 그다음에는 여자를 지으시고 그 역할을 정해 주셨다(고전 11:8,9)**. 또한 창세기 3:16에서 아내의 바람(desire)은 남편에게 있으며, 남편이 아내를 주관할 것이라고 말씀하고 계시는데, 이것은 지금까지도 계속 적용되는 말씀이다.

2) **가정을 다스리는 권위는 남편에게 있다**. 하나님께서는 여자에게 권위를 주시지 않았는데, 디모데전서 2:12-14은 남자가 먼저 지음받았기 때문이고, 남자가 속은 것이 아니라 여자가 속아 범죄했기 때문이라고 그 이유를 밝히고 있다. 특히 영적인 문제에 있어서 이 사실을 더욱 유념해야 한다. 남편과 아내는 생활 중에 다양하고도 긴밀한 대화를 나눌 수 있고, 또 남편은 아내의 말을 들어줄 수 있어야 하지만, 남편은 영적 분별력을 가지고 아내의 말을 들어야 한다. 하나님께서는 남자에게 집안에서뿐만 아니라 하나님의 교회를 돌보는 책임도 부여하셨는데, **가정을 잘 다스리지 못하면 교회도 돌볼 수 없게 된다는 점을 유의해야 한다(딤전 3:4,5,12)**.

3) **권위의 질서에 남자를 우선순위에 놓으신 것은 여자가 남자보다 열등하다거나 덜 존귀하다는 말이 아니다**. 남자와 여자는 하나님 앞에서 차별이 없이 "동등한 영적 위치"를 지닌다(갈 3:27,28). 다만 서로 다른 역할이 각자에게 주어졌을 뿐이다. 성경은 하나님께서 세우신 이 권위의 질서에 순종하라고 말씀하신다. 남자가 스스로 높아져서 여자에게 고압적

인 권위를 행사하려고 한다면 그는 죄를 짓는 것이 된다(엡 5:21). 남자는 자기 위에 있는 권위에 복종해야 하고, 여자는 자기 위에 있는 권위에 복종해야 한다. 이것이 하나님께서 세우신 권위의 질서이다.

2. 남편의 역할

1) **아내를 사랑해야 한다(엡 5:25)**.

(1) **남편은 예수 그리스도께서 자신을 사랑하신 것과 똑같은 방식으로 아내를 사랑해야 할 의무가 있다**. 훌륭한 남편은 아내를 위해 죽기까지 사랑하는 남편이다. 아내를 사랑해야 하는 것은 하나님의 명령이고 남편이 이행해야 할 의무이다. 남편은 아내를 사랑하려면 우선 깨끗하고 거룩해야 한다(엡 5:26). 아내를 온전히 사랑하기 위해서는 삶이 정결해야 하고 생각이 순수해야 하며 영적으로 거룩해야 한다. 아내가 아닌 다른 여자가 자신의 눈이나 마음속에 들어올 틈을 결코 허용해서는 안 된다.

『남편들아, 너희는 자기 아내를 사랑하되 그리스도께서 교회를 사랑하셔서 교회를 위하여 자신을 주신 것같이 하라. 이는 그가 교회를 말씀에 의한 물로 씻어 거룩하게 하시고 깨끗게 하사』(엡 5:25,26).

(2) 골로새서 3:19은 남편들에게 아내를 사랑하고 가혹하게 대하지 말라고 말씀하시는데, 말하자면 "아내"를 가정 안에서 무조건 용납하고 잘 견디며 무조건 참아야 하는 존재로 여겨서는 안 되는 것이다.

(3) **아내에게 육아와 집안일을 떠넘긴 채 홀로 있게 해서는 안 된다**.

2) 아내를 돌보아야 한다(엡 5:29).

(1) 남편은 자신의 건강을 돌보듯이 아내의 건강을 돌보아야 한다(엡 5:28). 자신의 건강관리를 위해서는 운동이니, 보양식이니 하며 여기저기 찾아다니고, 또 자신의 육신이 고달플 때는 열 일 제쳐놓고 약국이니, 병원이니 하며 이곳저곳을 찾아다니면서도, 아내가 아프다고 할 때는 나 몰라라 하는 이기적인 남편이 되어서는 안 된다.

(2) 남편은 아내의 영적 건강 상태를 늘 돌볼 수 있어야 한다. 아내가 영적으로 활기를 잃은 지 오래고, 무기력한 상태에서 겨우 하루하루 지탱해 나가는 지경까지 이르렀다면 너무 무심한 남편이다. 육체의 질병에 대해서는 전문가인 의사의 도움을 받아야 하겠지만, 영적인 침체에 대해서는 남편이 우선으로 진단할 수 있어야 한다. 마귀가 가정을 파괴하기 위해 우선으로 노리는 대상은 남편보다 더 연약한 그릇인 아내이다(벧전 3:7, 고후 11:3). 남편은 능력 있는 기도를 할 수 있어야 하고, 아내를 위해, 또 아내와 함께 지속해서 기도의 제단을 쌓을 수 있어야 한다.

3) 가정의 식탁을 책임질 수 있어야 한다(딤전 5:8).

(1) 남자는 하나님의 명령에 따라 땀을 흘려서 먹을 것을 구해야 한다. 이 일을 하지 않는 남편은 아내를 사랑하지 않는 것이며, 남편의 권위뿐만 아니라 아버지의 권위를 스스로 포기하는 것이 된다.

(2) 빵만 해결했다고 해서 모든 책임을 다한 것은 아니다. 남편은 하나님의 입에서 나오는 말씀을 공급할 수 있어야 한다. 아내가 영적인 기갈로 허덕일 때 그 배고픔과 갈증을 해결해 줄 수 있는 양식과 생수를 공급해야 하는 것이다. 말씀을 읽고 공부한 것을 통해 아내의 영적인 건강을 육성하고 돌보아야 하고, 아내가 스스로 공부하

고 성장할 수 있도록 시간을 확보해 주고 후원해야 한다.

4) 결정을 아내에게 미루지 말아야 한다.

(1) 남편은 자신이 아내의 머리임을 인식해야 한다(엡 5:23). 가정의 모든 결정에 앞서서 남편은 아내의 의견을 충분히 듣고 고려해야 하지만, 최종적인 결정은 남편이 해야 한다.

(2) 특히 모든 영적인 문제에 관한 결정은 반드시 남편이 해야 한다. 세상에서 말하는 것처럼 남편과 아내가 동등한 권리를 가지고 있는 것이 아니다. 또한 남편은 자신의 결정에 따른 모든 결과도 책임져야 한다. 아내에게 결정하게 하고 책임을 떠넘기는 것은 하나님께서 정하신 질서를 깨트리는 것이고 혼란을 자초하는 일이다.

5) 아내로 하여금 남편을 돕게 해야 한다.

(1) 아내가 남편을 돕는 영역은 남편에게 달려 있다. 남편이 직장에서 돈을 벌어올 때 아내는 가정일을 돌보아야 한다. 남편이 구령자라면 아내는 그 일을 위해 기도할 수 있고, 또 함께 참여하여 도울 수도 있다. 때때로 구원받은 사람들을 집에 초청하거나 교회의 지체들을 초청하여 대접함으로써 남편을 도울 수 있다. 남편이 교회의 사역을 담당하고 있다면 아내가 기도로 도울 수 있다. 남편이 하나님을 얼마나 섬기느냐에 따라 아내가 도울 영역이 결정된다. 남편은 아내가 자신을 적극적으로 돕게 해야 하며, 이렇게 함으로써 유능한 남편이 되어 아내로 하여금 장차 천년왕국에서 상속을 많이 받게 해 주어야 할 것이다(벧전 3:7).

(2) 바울 서신에서 여섯 번이나 소개되고 있는 프리스킬라는 남편 아퀼라의 참된 조력자로서 적극적으로 사역에 동참했던 자매였다.

아버지의 역할과 아내의 역할

1. 아버지의 역할

1) 주의 교훈과 훈계로 양육해야 한다(엡 6:4).

(1) 아버지가 없는 가정이 늘어나고 있다. 또한 책임을 지지 않는 아버지들로 인해 있으나 마나 한 아버지도 늘어만 간다. 하나님께서 남자에게 주신 가정을 지키고 보호하라는 책임에는 자녀들을 양육하는 책임도 포함된다. 그리스도인 가정 안에 있는 자녀들은 하나님께서 가정에 주신 주의 유업이며(시 127:3), 하나님께서 주신 선물이다. 그 자녀는 하나님께 기쁨이 되어야 하고, 또한 하나님으로 인해 기쁨이 넘치는 인생을 살아가야 한다. 반면 우리가 사는 세상 그리고 우리의 자녀들이 살아가야 하는 이 세상은 악한 세상이며, 갈수록 더욱 악해져만 간다(딤후 3:1). 그렇기에 그리스도인 가정에 자녀를 맡겨 주신 것은 주의 교훈과 훈계로 잘 양육하라는 의미도 그 안에 들어 있다. 세상 교육에 맡겨 둔 것만으로 자녀 교육을 다 했다고 착각해서는 안 된다. 그렇게 방치했다가 그 자녀가 하나님을 대적하는 사람으로 성장하게 된다면 그 책임은 일차적으로 아버지에게 있다.

2) 본을 보이는 아버지가 되어야 한다.

(1) 자녀들은 보는 것을 믿는다. 아버지가 성경을 읽으면, 자녀도 성경을 읽는 것이 자연스러워진다.

(2) 아버지가 무릎을 꿇고 기도하는 것을 보며 자란 자녀는 자연스럽게 하나님께 기도하게 된다.

(3) **가능한 한 어릴 때부터 하나님의 말씀에 흠뻑 젖도록 해 주어야 한다.** 자녀에게 성경의 다양한 말씀들을 들려주고, 자녀와 함께 기도하고, 함께 구령 모임을 가져야 한다.

(4) **자녀에게 경배의 소중함을 가르쳐야 한다.** 성경을 사랑하고 성경대로 믿고 실행하는 교회의 중요성을 가르치라. 그리스도인의 실제 삶의 대부분은 교회 생활을 통해 배운다. 교회를 통해 헌신하는 모습을 보게 되고, 그리스도인의 간증을 보며 실제 삶을 배우게 되는 것이다.

3) **하나님의 말씀을 가르쳐야 한다.**

『내가 오늘 네게 명령한 이 말씀들을 네 마음속에 두고 네 자손에게 그것들을 열심히 가르칠지니, 네가 네 집에 앉아 있을 때나, 네가 길을 걸을 때나 네가 누워 있을 때나 네가 일어날 때 그 말씀들에 관해 말할지니라』(신 6:6,7).

(1) 부모와 자식 간에 세대 차이로 인해 얼마나 많은 갈등이 있는가! 적어도 성경을 존중하고 귀히 여기는 아버지와 자녀 사이에는 세대 차이가 없다. **아버지는 자녀에게 성경의 원리와 원칙을 가르쳐야 한다.** 가능한 한 삶의 구체적인 영역에까지 성경에서 말씀하시는 원칙을 가르칠 수 있어야 한다. **성경이 말씀하시는 경제 원리, 십일조, 땀 흘려 일하는 성실함 등을 가르치고 배운 대로 실행하게 하라.**

(2) **선과 악에 대한 분명한 기준을 가르치라.** 세상은 점점 더 더러워져 가고, 유혹은 거세지며, 도덕적 수준은 바닥으로 떨어지고, 그 결과 영적인 기준도 바닥으로 곤두박질치고 있다. 자녀의 마음에 성경적 원칙이 확고하게 뿌리내릴 때 성령께서 그 자녀를 인도하실 수 있다.

4) 자녀를 훈육해야 한다.

(1) 어릴 때 훈련시키는 것이 성장한 아이를 훈련시키는 일보다 쉽다. 권위 아래 있을 때 훈련시키고 필요할 때 징계해야 한다(잠 13:24). 자녀를 과소평가해서는 안 된다. 마냥 사랑스럽기만 한 존재가 아니다. 본질상 악하다는 사실을 잊지 말아야 한다. 타락한 마음이 있고(렘 17:9), 통제되지 않은 고집이 있는 것이다. 자녀들을 버릇없게 내버려 둬서는 안 된다. 요구하는 대로 다 들어 주어서도 안 된다. 책임이 무엇인지 알려 주어야 한다. 언어 예절 및 식사 예절을 가르쳐 주어야 한다. 거짓말하는 것, 약속을 지키지 않는 것 등에 대해 아버지는 분명한 성경적 원칙을 가지고 있어야 한다. 원칙을 어기는 것에 대한 경고를 분명히 해야 하고, 경고 없이 매를 들지 말아야 한다. 모든 것을 대화로만 해결하려 하지 말라. 자녀는 변명하고 빠져나가는 데 "명수"다(잠 22:15).

(2) 경고를 실행하지 못하는 아버지의 말에는 권위가 없다. 그러나 징계 후에는 반드시 위로하고 함께 기도해야 한다. 아버지의 깊고 진정한 사랑을 자녀에게 보여 주어야 하는 것이다.

2. 아내의 역할

1) 남편에게 복종해야 한다(엡 5:22-24,33, 골 3:18).

(1) 마귀와 이 세상은 아내가 남편에게 복종하는 것을 불명예스러운 것으로 여기게 한다. 그러나 성경은 아내의 복종에 대해 명령하고 있다. 『그들이 젊은 여자들을 가르쳐서 절제하고 남편을 사랑하며 자녀들을 사랑하고, 신중하며 정숙하고 집안 일에 힘쓰며 선하고 그들 자신의 남편에게 복종하게 하라. 이는 하나님의 말씀이 모독을

받지 않게 하려 함이라』(딛 2:4,5).

(2) **복종한다는 것은 하나님께서 정하신 권위의 질서를 마음을 다해 따른다는 뜻이다.** 교회가 주님께 복종하는 것은 교회의 품위를 떨어뜨리는 것이 아니라 교회에 영광을 가져다주는 일이다. 아내가 남편에게 복종하는 것 역시 아내에게 영광이 되는 일이다.

(3) **아내가 남편에게 복종하는 것은 남편 위에 계신 그리스도를 신뢰하고 복종하는 것이 된다.** 하나님께서는 이것을 매우 값진 것이라고 평가하신다(벧전 3:4,5,6).

『오직 마음에 숨겨진 사람을 썩지 아니하는 것 곧 온유하고 고요한 영으로 단장할지니 그것은 하나님 보시기에 매우 값진 것이니라』(벧전 3:4).

(4) 아내가 어떤 문제에 있어서 남편에게 불복종하면 그것은 남편이 은연중에 또는 공공연하게 **그리스도께 불복종하고 반기를 들도록 조장하는 것**이며, 또 **자녀들이 불순종하도록 가르치는 것**이다.

(5) 남편에게 복종하는 아내에게 하나님께서는 책임을 지우지 않으신다.

2) **남편을 도와야 한다.**

(1) **여자들의 지성과 능력은 남자들과 동등하며 오히려 남자들보다 뛰어난 영역들도 있다.** 하나님께서는 그것을 남편과 자녀를 위해 사용하고, 자매 된 성도들을 위해 사용하기를 원하신다.

(2) 가지지 못한 것을 남편에게 요구하면서 불평을 쏟아내는 것은 마른 볏단을 들고 같이 불 속으로 뛰어들자고 조르는 어리석고 게으른 여자다. 가족이 무엇을 먹고 어떻게 입는지 아내가 손수 챙겨야 한

다. "집안을 잘 관리하는 여인"은 과소비와 무책임한 소비를 즐기는 여자들이나 상술에 쉽게 속아 충동구매에 따른 소비를 즐기는 여자들과 전혀 어울리지 않으며, 오히려 남편을 적극적으로 돕는다. **남편이 가정에서 권위를 사용할 수 있도록 돕고, 남편이 하나님을 사랑하고 하나님의 일에 쓰임받을 수 있도록 기도하며, 그 일에 시간을 확보할 수 있도록 돕는 것이다.**

(3) 살다 보면 정신적으로나 정서적으로 침체되는 날들도 있고, 육체적으로 아프고 짜증이 날 때도 있을 것이며, 난처한 순간이나 가정의 불화, 걱정거리, 돈 문제, 부부간의 갈등도 있을 것이지만, **어떤 상황에서도 자기 자존심을 죽이고 한 발짝 물러서서 남편에게 선을 행해야 한다.**

(4) **자신이 남편에게 성경이 말씀하시는 현숙한 여인이 될 수 있도록 간구해야 한다(잠 31:10-31).**

3) **남편에게 하는 말에 주의해야 한다.**

(1) **아내는 남편에게 자기 생각을 강요하거나 결론을 미리 내려놓고서 그것을 유도하는 말을 해서는 안 된다.** 특히나 영적인 일들에 남편을 충동하는 것은 돌이킬 수 없는 악한 결과를 만들기도 한다. 이브의 말에 경청한 아담(창 3:17)이나 사라의 요구에 응했던 아브라함(창 16:3), 솔로몬의 마음을 하나님으로부터 돌이키게 한 존재는 모두 아내들이었다(왕상 11:3,4,8). 이세벨은 자신의 남편에게 "**자신을 팔아 주의 목전에 죄악을 행한 자**"라는 불명예를 가져다주었다.

(2) 남편의 권위에 복종하는 여인은 주를 두려워하는 여인이며 칭찬받는 여인이다(잠 31:30,31, 벧전 3:5). **한편 신랑이신 주님의 권위에 복종하는 신약 성도들은 그리스도의 심판석에서 상을 받게 될 것이다.**

제2과
복습문제

1. 하나님께서는 가정을 지키고 돌보는 일에 있어서 남자와 여자에게 50 대 50의 권한과 책임을 주셨다. (O , X)

2. 하나님께서는 가정 안에서 여자가 남자 위에 권위를 행사하는 것을 허락하지 않으셨는데, 그 이유는 (　　　　　　)가 먼저 지음을 받았기 때문이며, (　　　　　　)가 속은 것이 아니라 (　　　　　　)가 속아 범죄했기 때문이다(디모데전서 2:12-14).

3. 남편은 예수 그리스도께서 자신을 (　　　　　　)하신 것과 똑같은 방식으로 아내를 (　　　　　　)해야 한다(엡 5:25).

4. 아내에게 (　　　　　　)을 하게 하고 (　　　　　　)을 떠넘기는 것은 하나님께서 정하신 질서를 깨는 것이며 혼란을 자초하는 일이다.

5. 그리스도인 가정 안에 있는 자녀들은 하나님께서 가정에 주신 주의 유업이며(시 127:3), 하나님께서 주신 선물이다. 그 자녀는 하나님께 기쁨이 되어야 하고, 또한 하나님으로 인해 기쁨이 넘치는 인생을 살아가야 한다. 그렇게 하기 위해 자녀들을 주의 (　　　　　)과 (　　　　　)로 훈육해야 한다.

6. 하나님께서 가정에서 아내에게 정하신 질서는 남편의 권위에 (　　　　　)하

라는 것이다.

7. 신약성경에서 "남편과 아내의 관계"로서 함께 교회를 섬기는 일에 수고했던 사람들은 누구인가? (　　　　　　　　　　,　　　　　　　　　　)

■ 복습 문제의 정답은 홈페이지(www.solomonbtc.org)에서 확인할 수 있습니다.

■ 새롭게 깨달았거나 적용할 내용이 있다면 적어 보세요. ■

NOTES

제3과
훈련을 통해 성장하는 자녀들

『아이를 그가 마땅히 가야 할 길로 훈육하라. 그리하면 그가 늙어도 그 길을 떠나지 아니하리라』(잠 22:6).

부모의 역할과 그 중요성

그리스도인 부모는 자녀에게 믿음의 동행자요, 안내자가 되어야 한다. 주님께서 그분의 자녀들과 동행하듯이 부모들은 아이들의 일거수일투족을 잘 관찰하고 살펴야 한다. 아이들이 자유롭게 뛰놀며 자라도록 "방목"하는 것은 좋지만 결코 "방치"해서는 안 된다. 방목과 방치는 분명히 다르다. 규율과 규범 속에서 마음껏 자신의 역량을 자유롭게 발휘하도록 돕는 것이 방목인 반면, 알아서 하겠거니 하며 내버려 두는 방치는 결코 교육이 아니라 책임회피에 해당한다. 양 무리를 돌보도록 부르심을 받은 지역 교회의 목자는 하나님께서 맡겨주신 양 무리를 신실하게 돌봐야 한다. 아픈 양이 있는지, 게으르고 잘못된 길로 가고 있는 양이 있는지 말씀으로 견책하고 바로잡아 옳은 길을 가도록 인도해야 한다. 이처럼 "양육"에 관한 한, 교회의 중요한 부분을 담당하고 있는 가정에서 부모가 지니는 역할과 중요성은 성도들을 영적인 권위로 다스리는 목자만큼이나 그 비중이 크다. 특히 영적 권위를 가진 가장들은 하나님의 말씀과 기도로 온전히 서 있어야 한다. 그렇지 않으면 가정들이 파괴되고, 더 나아가서는 교회가 무너지는 것이 순식간이다. 그러므로 그리스도인 부모들은 『**아이를 그가 마땅히 가야 할 길로 훈육하라. 그리하면 그가 늙어도 그 길을 떠나지 아니하리라.**』(잠 22:6)라는 말씀에 따라 자녀들을 지혜롭게 말씀으로 양육해야 한다.

왜 훈육이 필요한가?

"주변의 나쁜 환경으로 인해 자녀가 어떻게 되는 것은 아닐까?" 하고 걱정하는 것은 부모로서 당연한 일이지만, 간혹 그 정도가 너무 지나쳐서 이사까지 하는 부모들도 있다. 하지만 제아무리 주변의 장애물을 모두 치웠다 해도 자녀들이 다른 경로를 통해 접할 수 있는 "악한 일들"까지 모두 차단할 수는 없다. 따라서 오직 "길이요, 진리요, 생명"(요 14:6)이신 주님께서 주시는 "진리의 말씀"으로 자녀들을 양육할 때만이 비로소 모든 악한 길을 차단할 수 있고, 자녀들이 올바른 길을 가도록 인도할 수 있다. 그러므로 어려서부터 하나님의 말씀으로 자녀들을 양육하는 것은 이 세상에서 가장 큰 투자이며, 성공에 이르는 방법이다(수 1:8).

1. 이 세상의 신은 마귀다.

➠ 사람은 누구나 세상 제도와 환경에 영향을 받게 되어 있다. 왜냐하면 『**이 세상의 신**』(고후 4:4)이 "마귀"이기 때문이다. 이것은 성경 외에는 그 어디에서도 발견할 수 없는 진리다. 그러므로 그리스도인 부모로서 자기 자녀에게 마귀의 존재와 그가 "우리의 대적(벧전 5:8)"이라는 사실을 가르치지 않는다면, 그 자녀는 비록 거듭났다 할지라도 세상에서 마귀의 종이 되고 만다.

> 『그들에게 자유를 약속하나 자기들 자신은 타락의 종들이니, 누구든지 정복을 당하면 그는 정복한 자의 종이 되는 것이라』(벧후 2:19).

2. 영적 성장은 하나님의 뜻이다.

1) 키나 몸무게가 늘지 않는 아이들은 부모의 근심거리다. 그뿐만 아니라 성장하더라도 제대로 자라는 것이 모든 부모의 바람이다. **부모의 마음처럼 하나님께서는 거듭난 자녀들이 하나님의 은혜 가운데 말씀으로 성장하기를 원하시며, 그것도 "장성한 분량"(엡 4:13)에 이르기를 원하신다.**

2) 무엇보다 마귀의 존재와 그의 계략을 모른 채 믿음을 견고히 지킨다는 것은 있을 수 없는 일이기 때문에, 악한 자들의 미혹과 선악을 분별할 수 있도록 하나님의 말씀을 사용하여 감각들을 단련해야 한다. **비록 자녀들이 가끔은 넘어지기도 하고 때로는 힘들어하기도 하지만, 결국 올곧게 성장한 자녀는 부모에게 기쁨이요, 자랑이 된다.**

『총명한 사람은 악을 미리 보고 자신을 숨기나, 우매한 자는 계속 가다가 벌을 받느니라』(잠 27:12).

3. 부끄럽지 않은 자녀로 키워야 한다.

➠ 하나님께서는 모든 사람을 하나의 인격체로 대하신다. 마찬가지로 부모도 자녀를 그렇게 대해야 함이 마땅하다. **그렇다고 해서 아이가 잘못했을 때 올바른 길을 가도록 징계를 하지 않으면, 자신이 하는 일이 늘 옳은 것으로 착각하거나 친구의 간절한 충고조차 듣기 싫어하는 어리석은 사람으로 자라게 된다**(삼상 3:13). 결국 그 자녀는 부모에게 근심만 안겨다 줄 뿐이다(창 26:35).

『매를 들지 않는 자는 자기 자식을 미워하는 것이나, 자식을 사랑하는 자는 알맞은 때에 징계하느니라』(잠 13:24).

자녀 양육에서 주의할 사항

1. "조급함"은 자녀를 망친다.

➠ 『너의 일들을 **주께** 맡기라.』(잠 16:3)라고 성경은 말씀한다. 따라서 그리스도인 부모는 자신의 인생 여정뿐 아니라 그의 자녀들까지도 온전히 하나님께 맡겨야 한다. **자녀들에게 뭐가 필요한지를 깨닫도록 선행 학습을 통해 여러 가지를 배우게 하는 것은 그리 나쁜 것만은 아니다. 하지만 부모의 경쟁적인 교육열은 아이를 망가뜨릴 수 있음을 잊어서는 안 된다.**

2. "구원 없는 교육"은 저주다(유대인의 교육 vs. 성경적 교육).

➠ 노벨 수상자의 22%가 유대인들이며, 세계 경제를 이끌어가는 기업들도 대개는 유대인들의 소유다. 특히 로스차일드와 같은 집안은 세계 자금 흐름을 좌지우지하는 사람들이다. **하지만 가장 중요한 영생의 복음을 통해 그들은 거듭나지 못했고, 자녀들을 하나님의 말씀으로 가르쳐서 주님의 다시 오심을 기다리게 하지도 않는다.** 오직 이 땅에서 뭔가를 이루고 그다음 세대에도 동일한 복을 이 땅에서 영원히 누리기만을 원하고 있다. 이것이 바로 구원 없는 교육의 열매이자, 저주의 열매다.

어떻게 가르칠 것인가?

1. 말씀과 기도로 가르치라.

➠ 이스라엘은 "오랜 세월 동안 참 하나님도 없고 가르치는 제사장도 없고 율법도 없이"(대하 15:3) 지냈다. 이것은 그들이 "전쟁에서 승리할 수 있는 어떤 무기"도 없는 "완전 무방비 상태"에 있었음을 의미한다. 그들은 영적으로 눈먼 상황이었음에도 부유하고 평화롭다고 착각했다. **그리스도인 부모라면 반드시 자녀를 영적 전쟁에 대비시켜야 하는데, 그 무기는 오직 말씀과 기도 외에는 없다(엡 6:11-18, 고후 10:4).**

2. 인내로 가르치라.

➠ 사랑에는 인내와 수고가 필요하다(고전 13:4-7). 산고를 치르는 일 역시 사랑이 아니면 불가능한 일이다(갈 4:19). 이러한 사랑으로 우리는 하나님의 자녀로 태어났다. **그런데 아이들의 사소한 실수를 조금도 기다려주지 못하는 부모가 된다면, 그는 "일만 달란트 빚진 자"(마 18:24-34)와 같이 자신에게 베푸신 사랑과 자비를 잊은 완악한 사람과 전혀 다를 게 없다.** 따라서 자신이 받은 하나님의 사랑과 오래 참으심을 아는 부모라면 자녀들 또한 동일한 은혜 가운데서 인내와 기도로 기다려줘야 한다.

3. 채찍으로 가르치라.

➠ 사람들이 요한 웨슬리의 어머니 "수산나"에게 와서 "어떻게 19명이나

되는 자녀들을 세상에 물들지 않도록 교육을 시켰습니까? 그 비결이 무엇입니까?"라는 질문을 했는데, 그녀는 "**첫째는 성경이요, 둘째는 회초리입니다.**"라고 대답했다고 한다. **이처럼 "하나님의 말씀"은 죄와 관련하여 양심을 찌르는 반면, "회초리"는 죄를 지은 육신에 제동을 거는 중요한 장치인 셈이다.**

> 『상처나게 때리는 것이 악을 지워 버리나니, 매는 뱃속에 있는 깊은 부분들을 그렇게 하느니라』(잠 20:30).

4. "믿음의 본"으로 가르치라.

➡ 부모들은 대개 자녀들에게 뭔가를 하라고 말로만 지시하는 경향이 있다. 하지만 예수님께서 공생애 기간에 제자들에게 보여 주신 가르침의 과정을 자세히 살펴보면, 늘 행동으로 본을 보여 주셨다(요 13:15). 사도 바울도 마찬가지였다(살후 3:9). **이스라엘의 선지자 사무엘의 어머니 "한나"와 벨리알의 자식으로 키운 제사장 "엘리"를 비교해 보면, 자녀들을 어떻게 키워야 할지에 대한 해답을 얻을 수 있다.**

> 어느 조그만 자연학습 농장에서 유치원 선생님이 꼬마들을 데리고 자연학습을 하고 있었다. 선생님이 "고추는 언제 따죠?"라고 묻자, 아이들은 "빨갛게 물들었을 때요."라며 신나게 답했다. 선생님이 또다시 "그럼 땅콩은 언제 캘까요?"라고 묻자, 아이들은 머리를 긁적이기만 하고 침묵을 지켰다. 이때 한 아이가 큰소리로 대답했다. "주인이 없을 때요!" 사실 그 아이의 아버지는 다른 사람의 물건을 훔쳐서 당시 투옥된 상태였다. 이것은 부모로서의 행실이

아이에게 얼마나 큰 영향을 미치는지 보여 주고 있는 한 사례다. 자녀들을 아무리 말로 가르친다 한들 자신의 행동 하나가 아이에게 큰 영향을 미칠 수 있음을 잊어서는 안 된다.

5. "방목"하되, "방치"하지 말라.

➡ 방목과 방치는 분명한 차이가 있다. **방목은 자유롭게 뛰놀며 자라도록 하되, 건강하게 자라는지, 주위에 못된 짐승들이 접근하지는 않는지 늘 살피는 것이다. 반면 방치는 뭘 하든지 관심이 없이 내버려 두는 것을 말한다.** 자녀 교육도 마찬가지다. 평소 자기 일에 바빠서 자녀에게 전혀 관심을 두지 않다가도 심기를 건드리는 문제를 일으키면 앞뒤 따지지 않고 마냥 다그치기만 하는 것이다. **하지만 그렇게 해서는 안되고, 항상 자녀들을 사랑과 관심으로 살펴야 한다.**

■ 훈련을 위한 세부 지침들 ■

1. 하나님을 두려워하는 법을 배우게 하라.
2. 십일조와 헌금은 하나님께서 주신 것이므로 마땅히 주님께 돌려드려야 한다는 점을 깨닫게 하라.
3. 늘 말씀과 기도의 시간을 가지도록 하라.
4. 세상에 대한 성경적 가치관을 정립하게 하라.
5. 다른 사람을 배려하는 법을 가르치라.
6. 정직한 아이로 자라게 하라.
7. 기도 노트를 작성하고, 베푸신 은혜를 늘 기억하게 하라.

어떤 자녀로 키울 것인가?

1. "현명한 자녀"로 키우라.

1) **세상에서 자기 자식이 어리석게 되는 것을 원하는 부모는 단 한 사람도 없을 것이다**. 자기 자식만큼은 자기들보다 더 똑똑한 사람이 되기를 원하는 것이 부모의 마음이다. 그래서 돈이 많이 들더라도 교육을 받게 하려 하고, 되도록 많은 것들을 배우고 경험하게 하려고 애를 쓰는 것이다.

2) **하지만 세상의 부모가 바라보는 현명한 아들은 하나님께서 원하시는 현명한 아들과는 그 기준이 다르다(시 111:10, 잠 9:10)**. 그리스도인 자녀들도 세상에서 필요한 것들은 배워야 한다. 하지만 하나님의 말씀을 배제하고 배우는 모든 지식은 오히려 독이 된다. 그러한 지식은 오히려 그들로 하여금 어리석은 사람이 되게 한다. 진화론을 신봉하고, 과학과 철학에 심취하며, 종교적인 아이로 키우는 것은 저주다. **결국 하나님의 말씀 없이 자란 자녀는 "하나님은 없다"(시 14:1)라는 결론을 내리는 어리석은 자가 되며, 마땅히 알아야 할 것을 알지 못하는 어리석은 자가 된다.**

> 『현명한 아들은 아버지를 기쁘게 하나, 어리석은 자는 자기 어머니를 멸시하느니라』(잠 15:20).

2. "순종하는 자녀"로 키우라.

1) **순종하는 자녀에게는 무엇보다 아버지를 "신뢰함"이 있고, 아버지를 "사랑함"이 있으며, 또한 아버지를 "두려워함"이 함께 있다.** 그래서 순종하는 아들은 아버지의 명령에 따라 움직인다.

2) **그러므로 아버지를 기쁘시게 하는 아들은 명령에 순종하는 아들이다(골 3:20). 순종한다는 것은 권위를 인정한다는 뜻이다. 자신의 뜻을 아버지의 뜻 앞에 두지 않는다는 말이다.** 예수님께서도 내 잔을 옮겨달라고 간구하셨지만, "내 뜻대로 하지 마옵시고 아버지의 뜻대로 하옵소서"(눅 22:42) 라고 기도하셨다. 이것이 바로 순종하는 아들의 아름다운 모습이며, 가장 아름다운 기도요, 아버지를 기쁘시게 하는 일이다.

3) **"명령"(order, 고전 16:1)대로 움직이지 않으면 "질서"(고전 14:40)에서 벗어나게 되고, "고장이 나기"(out of order) 마련이다.** 이렇게 되면 믿음이 자라지 않을 뿐만 아니라 아무런 열매도 맺지 못하게 된다. 열매를 맺지 못하는 나무는 고장이 난 것이다. **그러므로 주님께 기쁨이 되는 열매를 맺는 순종하는 자녀로 자식들을 키워야 한다.**

『자기 아버지를 조롱하며 자기 어머니에게 순종하기 싫어하는 자의 눈은 골짜기의 까마귀가 쪼아낼 것이요, 새끼 독수리들이 그것을 먹으리라』(잠 30:17).

3. "사랑으로 섬기는 자녀"로 키우라.

1) **하나님의 사랑을 깨닫고 감사하는 사람은 다른 사람을 사랑하게 되고, 그 사랑에 기뻐하며 화평을 누린다. 또한 온유하고 친절하며, 선하고 오**

래 참는다(갈 5:22,23). 또한 "모든 일에 감사하고"(살전 5:18), "그분의 모든 베푸심을 잊지 않는"(시 103:2) 신실한 그리스도인이 된다.

2) 자녀들이 서로 다투고 싸우는 것을 좋아하는 부모는 이 세상 어디에도 없다. 서로 비방하고 물어뜯으면 그것은 부모의 가슴에 못 질을 하는 것이다. 무엇보다도 주님의 자녀가 이런 상황에 놓이면 그것은 주님을 또 다시 십자가에 못 박는 꼴이 된다. 이런 상황은 "서로 뜨겁게 사랑하라"는 명령을 가슴으로 배우지 못했기 때문에 발생한다(벧전 1:22; 4:8).

3) 사랑은 섬김을 낳게 한다. 우리를 사랑하신 주님의 그 사랑으로 그리스도 안에 있는 지체들을 섬기게 하며, 주님의 사랑을 알지 못하는 죄인들을 섬기게 한다. 그리스도인 부모라면 이것을 자녀들에게 사랑으로 일깨워줘야 한다(고전 9:22).

『그의 계명은 이것이니, 우리가 그의 아들 예수 그리스도의 이름을 믿고, 그가 우리에게 주신 계명대로 서로 사랑하라는 것이라』(요일 3:23).

훈련을 거부하는 자녀들의 특징

1. 게으르다.

➡ 게으른 사람은 배우는 것 자체를 싫어한다. 반면 하나님의 말씀은 『하나

님 앞에 부끄럽지 않는 일꾼으로 인정받도록 공부하라.』(딤후 2:15)라고 명하신다. **이 명령을 따르는 부모라면, 자녀에게 하나님의 말씀을 반드시 가르쳐야 하고, 무엇보다도 그에게 "부지런함"을 가르쳐야 한다. 왜냐하면 부지런한 자는 풍부함에 이를 것이고(잠 21:5), 또한 인생을 낭비하지 않기 때문이다(잠 18:9)**.

2. 교만하다.

➠ 교만한 자는 자신이 다 배웠다고 생각하기 때문에, 결코 다른 사람의 말에 귀를 기울이지 않는다. 조언을 무시한 대가에 대해서는 잠언 1장이 분명하게 경고하고 있다. **이들의 특징은 높은 눈과 굳은 목이다. 그러므로 자주 책망을 받으면서도 돌이키지 않으면, 결국 그 목이 부러진다(잠 29:1)는 사실에 대해 이스라엘 백성을 교훈으로 삼아 자녀들에게 가르쳐야 한다(출 32-34장)**.

■ 새롭게 깨달았거나 적용할 내용이 있다면 적어 보세요. ■

3. 무지하다.

➡ 무지한 자는 왜 배워야 하는지 그 필요성에 대해 전혀 알지 못한다. 이러한 무지는 하나님을 아는 지식이 결여되어 있고, 하나님을 두려워하지 않는 데서 기인한다. **따라서 이러한 무지로 인해 자녀들이 마땅히 해서는 안 될 일을 하게 되고, 주의 명령들과 반대되는 일들을 행함으로써 죄를 짓게 된다(레 4:2). 이러한 무지는 결국 완고함으로까지 발전되어 하나님께서 말씀하신 대로 그는 내버려지게 된다(고전 14:38).**

■ 훈련받지 않은 자녀들이 맺는 열매 ■

1. 권위에 순종하지 않는다.
2. 모든 판단은 자신이 한다.
3. 어려울 때 사람을 의지한다.
4. 베푸신 은혜에 감사하지 않는다.
5. 그리스도의 심판석에서 받을 상이 하나도 없다.
6. 양심이 화인을 맞아 죄에 대한 부끄러움조차 없어진다.
7. 세상에 모든 초점을 맞추며 살아간다.

■ 새롭게 깨달았거나 적용할 내용이 있다면 적어 보세요. ■

제3과
복습문제

1. 그리스도인 부모는 『아이를 그가 마땅히 가야 할 길로 (   )하라. 그리하면 그가 늙어도 그 길을 떠나지 아니하리라.』(잠 22:6)라는 말씀에 따라 자녀들을 지혜롭게 말씀으로 양육해야 한다.

2. 이스라엘의 선지자 사무엘의 어머니 "한나"와 자녀들을 벨리알의 자식들로 키운 제사장 "엘리"를 비교해 보면, 자녀들을 말로 가르치는 것이 아니라 믿음의 (   )을 나타내 보임으로써 가르쳐야 한다.

3. 요한 웨슬리의 어머니 "수산나"의 자녀 교육의 비결은 "첫째는 성경이요, 둘째는 회초리"였다고 한다. 말하자면 그녀가 『상처나게 때리는 것이 악을 지워 버리나니, (   )는 뱃속에 있는 깊은 부분들을 그렇게 하느니라.』(잠 20:30)라는 말씀대로 행한 것이다.

4. 아버지를 기쁘시게 하는 아들은 명령에 (   )하는 아들이다(골 3:20).

5. 말씀으로 훈육되기를 싫어하는 자녀들은 대부분 게으르고, 교만하며, 무지하다는 특징을 가지고 있다. (O , X)

■ 복습 문제의 정답은 홈페이지(www.solomonbtc.org)에서 확인할 수 있습니다.

NOTES

NOTES

제4과

성경적 대안 교육은 왜 필요한가?

『너는 네 마음을 다하고 네 혼을 다하고 네 힘을 다하여 **주** 너의 하나님을 사랑할지니라. 내가 오늘 네게 명령한 이 말씀들을 네 마음속에 두고 네 자손에게 그것들을 열심히 가르칠지니, 네가 네 집에 앉아 있을 때나, 네가 길을 걸을 때나 네가 누워 있을 때나 네가 일어날 때 그 말씀들에 관해 말할지니라』(신 6:5-7).

성경적 대안 교육의 필요성

출산율이 낮아지고 인구가 감소하면서 자녀에 대한 기대감이 더욱 커지자 모든 가정의 최대 관심사는 자녀 교육 문제로 집중되고 있다. 이러한 현실 속에서 자녀를 말씀으로 훈육하고 그리스도의 강성한 군사로 양육해야 할 책무가 있는 그리스도인 가정에서조차 그 시류에 휩쓸려 세상의 원리를 따르고 자녀들이 세상 지향적으로 살도록 방치하거나 조장하는 경우를 심심치 않게 목격하게 된다. 하지만 국가가 통제하는 공교육은 여러 가지 문제점들을 안고 있다. 또한 세상 학교로 내몰린 우리의 아이들은 위험한 상황에 노출되어 있다. 이에 본 과에서는 "성경적 대안 교육의 필요성"에 대해 살펴보고자 한다.

한국 근대 학교의 탄생과 성장

1. 일제 강점기 식민지 교육

➠ 마지막 조선 총독이었던 "**아베 노부유키**"가 항복 선언 이후 일본으로 돌아가면서 했던 말을 되새겨보면 "**민족 말살 정책**"으로 대변되는 식민지 교육의 목적과 의도를 분명히 알 수 있다. "**일본이 패했다고 조선이 승리한 것은 아니다. 조선이 위대하고 찬란했던 과거의 영광을 되찾으려**

면 앞으로 100년도 더 걸릴 것이다. 우리가 총이나 대포보다 더 무서운 식민지 교육을 심어 놓았기 때문이다. 조선 민족은 서로 이간질하면서 노예 같은 삶을 살게 될 것이다. 보라! 조선은 진정 찬란하고 위대했다. 하지만 식민지 교육으로 인해 노예로 전락하고 말았다. 나 아베 노부유키는 다시 돌아올 것이다."

2. 해방 이후 근대 학교의 생성

➠ 해방 이후 3년간의 미 군정을 통해 초등교육이 보편화되고 학제와 학교 운영체제가 마련되는 등 한국 근대학교의 초석이 놓이게 되었다. 하지만 우리나라 교육계는 미 군정에 의한 교육체제로 옮겨가면서 체제에 순응하는 노동자와 직업군인을 양산해 내기 위한 프러시아 학교 시스템을 도입하게 되었고, 그 결과 또 다른 의미의 식민지 교육을 이어가게 되었다.

3. 21세기 근대 교육

➠ 오늘날 한국 교육의 특징은 한마디로 "근대적인 통제 - 관리 권력"에 의해 유지되는 "국가 교육과정 - 국가 검인정 교과서 - 대학수학능력시험"의 삼각체제라 할 수 있다. 이러한 체제에서 얻은 서열을 하나의 신분처럼 자신의 운명으로 받아들이도록 길들고, 정규화 및 표준화된 산업 인력 양성을 목표로 하는 근대학교 체제가 21세기에도 그대로 유지되고 있다.

■ 새롭게 깨달았거나 적용할 내용이 있다면 적어 보세요. ■

한국 근대 학교의 특징[1]과 성경적 대안

1. 철저한 국가 통제 중심의 교육과정 운영

➡ 한국은 중앙정부에서 학교와 교사가 학생들에게 가르쳐야 할 내용과 학생들이 배워야 할 내용을 통제하고 지시하는 국가 중심의 교육과정을 운영하고 있는데, "국가주도 교육과정," "국 검정교과서," "대학수학능력시험"이 세 가지 핵심 요소라 할 수 있다. 특히 대학수학능력시험은 학교에서 교사와 학생 사이에 가르치고 배우는 활동에 대한 통제력을 강화하는 동시에 국가통제시스템을 유지하는 수문장 역할을 맡고 있다.

성경적 대안 : 국가 통제의 세상 교육으로부터 빠져나와야 한다. 국가 통제의 교육과정이 주는 위험성은 무신론에 입각한 인본주의와 진화론의 보이지 않는, 그러나 확실한 영향력이다. 세상 학교는 그리스도인 자녀들의 눈과 마음을 세상에 고정하게 만드는 마귀의 무차별적인 공격이 연일 이어지는 공간이다. 그러므로 세상 교육체계 속에서 그리스도인 자녀를 지키는 유일한 방법은 우리의 자녀들을 그러한 환경에서 분리시키는 것이다.

『세상도, 세상에 있는 것들도 사랑하지 말라. 누구든지 세상을 사랑하면 아버지를 사랑함이 그 안에 있지 아니

1) 최승복, 〈포노사피엔스 학교의 탄생〉, 공명, 2020년

하니 이는 세상에 있는 모든 것이 육신의 정욕과 안목의 정욕과 생의 자랑이요, 아버지께 속한 것이 아니라 세상에 속한 것이기 때문이라』(요일 2:15,16).

2. 교육과정 운영의 획일성

➡ 교육 내용의 통일성, 동일한 진도, 그리고 대학수학능력시험을 통한 일관된 통제로 인해 모든 학교는 "**획일적인 운영**"을 할 수밖에 없다. "**획일화된 학교 교육**"은 사교육 시장의 비정상적인 성장을 초래하여, 공교육을 황폐화시키고, 선행 학습을 만연하게 하며, 그 과정에서 청소년을 우울증과 불행으로 몰아넣는 가장 핵심적인 역할을 하는 주범이 된다.

성경적 대안 : 믿음과 실력 향상을 위한 성경적 전인 교육을 해야 한다. 획일화된 교육의 가장 큰 문제는 다양한 특성과 재능을 지닌 학생들을 똑같은 잣대로 평가하는 것이다. 하나님의 자녀들은 은사를 개발하고 믿음과 실력을 겸비한 능력 있는 그리스도의 일꾼으로 자라야 할 의무와 특권을 지닌 존재들이지만, 마귀는 획일화된 교육체계에 마비되어 인생을 낭비한 채 세상과 일치하도록 획책하고 있다. 따라서 교육과정과 평가 방식 같은 교육 내용을 결정하는 권한이 학교(또는 가정)와 해당 과목 담당 교사(또는 부모)에게 있고, 학생들에게는 자유롭고 다양한 활동 및 학습의 기회를 부여하며, 또한 그러한 경험을 통해 자신의 재능을 발견하여 진로를 스스로 찾아갈 수 있게 해 주는 교육적 환경이 그 어느 때보다도 절실하다.

『너희는 이 세상과 일치하지 말고 너희 마음을 새롭게 함으로써 변화를 받아 하나님의 선하시고 기뻐하시고 온전하신 뜻이 무엇인지 입증하도록 하라』(롬 12:2).

3. 과도한 경쟁

1) 우리나라 학교들의 과도한 경쟁은 주로 상대평가 방식에서 비롯되는데, 상대평가 체제에서는 학습의 질보다는 순위가 중요해지기 때문이다. **현재 세상 학교들은 학생들에게 무한 경쟁을 부추겨서 학교를 더 이상 배움의 터전이 아닌 적자생존의 법칙이 지배하는 정글로 만들었다.**

2) **경쟁적인 환경에서는 어떠한 창의력이나 협력도 기대하기 어려울 뿐 아니라 올바른 인성과 가치관 형성에도 악영향을 끼쳐 학생들로 하여금 수치화된 점수나 성적 등에 의해 순위가 결정되는 방식이 공정하다고 믿게 만든다.** 또한 상대를 경쟁자로 인식하는 과정에서 과도한 공격성이 나타나면 학교 폭력, 왕따, 게임 중독, 지나친 소비 성향 등을 보이게 되는데, 이는 무한 경쟁에 시달린 학생들이 보이는 일종의 대응 반응이라고 볼 수 있다.

성경적 대안 : 은사를 개발하고 협력을 통해 배울 수 있도록 교육해야 한다. 망국적인 주입식 입시교육으로 대변되는 한국 교육은 학생의 의사와는 관계없이 경쟁에 뛰어들 수밖에 없는 구조를 갖고 있다. 하지만 그리스도인 자녀들은 남들이 아닌 자기 자신과 경쟁해야 하며 어제보다 더 나은 오늘의 나를 만들기 위해 노력

해야 한다. 오히려 섬김의 자세로 서로 돕고 협력하는 가운데 능력 주시는 예수 그리스도를 통하여 모든 일을 할 수 있다는 하나님의 말씀에 힘입어 자신감을 가지고 자신의 미래를 개척해 나가야 한다. 세상의 가치관 속에서 입시 불안에 휩싸여 불필요한 경쟁에 가담하여 시간과 노력을 낭비해서는 안 된다. 교사는 학생들이 주님 안에서 분명한 목표를 가지고 자유롭게 공부하며 실력을 키울 수 있는 분위기와 환경을 제공해야 한다.

『각 사람이 받은 은사대로, 하나님의 다양한 은혜를 맡은 선한 청지기같이 서로 섬기라』(벧전 4:10).

4. 교육의 관념성

➡ **한국의 교육은 현실과 동떨어진 관념적인 교육에 머물고 있다.** 이는 세 종류의 관계 맺기와 관련된 교육이 전혀 이루어지지 않고 있기 때문인데, 자기성찰과 글쓰기훈련을 통한 "자신과의 관계 맺기," 토론, 정치·경제 교육, 민주시민 교육을 통한 "타인과의 관계 맺기," 생태교육, 환경교육을 통한 "자연과의 관계 맺기"가 바로 그것이다. 이 "세 가지 관계 맺기"와 관련된 문제는, 그것을 배우고는 있어도 그저 외워서 정답을 찾는 도구로만 사용할 뿐 실제 삶과 결부시키지 못하고 있어서 발생한 문제다.

성경적 대안 : 열매 맺는 교육을 해야 한다. 구원받은 그리스도인 자녀들은 우선적으로 하나님과의 관계를 올

바로 맺는 일이 얼마나 중요한지를 배워야 한다. 가정이나 교회가 신앙 교육을 하고 있을지라도 그 신앙 교육이 형식적으로 이루어져서 관념적인 신앙 교육에 머물게 되면 이 또한 정답 찾기 도구로 전락하고 말 것이다. 하나님과 올바른 관계를 형성함으로 자신의 정체성을 확인하고 실천적인 믿음을 갖도록 학생들을 교육해야 한다. 성경을 꾸준히 읽고 기도에 힘쓰며 하나님의 뜻 가운데 계획을 세우고 묵묵히 실행에 옮겨 모든 일에 열매를 맺는 신실한 그리스도인으로 발견되도록 교육해야 한다. 교사는 학생들이 생활 가운데 어떠한 간증을 드러내고 있는지 자세히 관찰하고, 부족한 부분을 만회할 수 있도록 권면하며, 그들을 세워 주는 믿음의 본을 보일 수 있어야 한다.

『나무도 좋고 열매도 좋다고 하든지, 나무도 나쁘고 열매도 나쁘다고 하든지 하라. 이는 그 열매로 그 나무를 알기 때문이라』(마 12:33).

5. 관료적 통제 중심의 학교 운영

➡ **한국 학교는 관료 행정 체제의 말단 기관이다**. 정부는 교육과정에 대한 통제권뿐만 아니라 학교 운영과 관련된 모든 행정적 절차에도 깊이 관여함으로써 동일한 지배권을 행사하고 있다. 상황이 이렇다 보니 교사는 행정 시스템의 말단 관료로서 통상적으로 업무를 처리하기 위해 많은 시간을 사용한다. **한국 교사들의 교수 학습 시간은 근무 시간 대비 38%에 불과하다(핀란드는 81%)**. 학교의 행정이 원활한 교수 학습을 위

한 지원 시스템이 되어야 함에도 한국의 학교는 중앙의 결정 사항을 신속하게 집행해야 하는 하부 기관이 되었고, 교사는 그 말단에서 실제로 집행하는 역할을 하고 있다. **이런 체제 속에서 가장 큰 피해를 보는 당사자는 학생들이다. 하지만 교사들 또한 교육 전문가로서의 제 역할을 다하지 못하고 있으며, 지역 사회와 학부모 역시 교육에 관심을 갖지 못함은 물론 개입하지도 못함으로써 교육 방관자로 남게 된다.**

성경적 대안 : 하나님의 자녀를 맡은 청지기의 자세를 가지고 교육해야 한다. 그리스도인 학생을 양육하는 그리스도인 교사는 학생을 하나님의 목적에 맞게 양육하고 다스릴 권한과 책임이 있다는 사실을 인지하고 소임을 맡은 청지기의 자세를 갖춰야 한다. 많은 그리스도인 가정에서 "홈스쿨링"을 선택하는 목적 역시 자율성을 확보한 가운데 아이의 특성에 맞추어 교육하는 "주도적인 양육"에 있고, 그 교육 내용도 이것에 초점을 맞추고 있다는 사실로 미루어 볼 때, 교사 또한 상당 부분 부모의 역할을 위탁받은 자로서 그 본연의 임무에 최선을 다해야 한다. 교사는 학생들이 자신의 명철을 의지하지 않고 마음을 다해 주를 신뢰하는 가운데 모든 길에서 하나님을 인정하면 바로 그분께서 그들의 길들을 지도하실 것이라는 확고한 믿음을 갖도록 교육해야 한다. 이를 방해하는 요소가 있다면 그것이 무엇이든지 개선책을 강구하거나 과감하게 배제할 용기와 결단이 필요하다.

『네 마음을 다하여 주를 신뢰하고, 네 자신의 명철을 의지하지 말라. 네 모든 길들에서 그를 인정하라. 그리하면 그가 네 길들을 지도하시리라』(잠 3:5,6).

결론적으로, 앞서 제기한 "다섯 가지 근대 교육의 문제점"(① 철저한 국가 통제 중심 교육과정 운영, ② 교육과정 운영의 획일성, ③ 과도한 경쟁, ④ 교육의 관념성, ⑤ 관료적 통제 중심의 학교 운영)은 교권의 실추와 도덕적 타락을 낳았다. 세상 교육은 처음부터 "제대로 된 교육"이 그 목표가 아니었다.

세상 학교는 그 형태가 어떠하든지 간에 근대학교가 추구하는 단순한 목표, 즉 정규화 및 표준화된 산업 인력을 양성하고자 하는 본래의 목적을 달성하려고 의도적으로 고안된 제도적 장치에 불과하다. 세상 교육체계에 잘 적응한 아이들일수록 하나님의 존재를 부정하고 불순종과 쾌락을 추구하는 것에 관한 한 아무런 죄책감도 갖지 않게 된다. 세상 교육은 마귀가 짜 놓은 각본에 따라 많은 사람을 파멸의 길로 인도하고 있으며, 그리스도인 자녀들의 믿음을 파괴하려고 끊임없이 도발하고 있다. 그 각본은 너무나 교묘하고 정교해서 많은 그리스도인 부모와 학생조차도 아무런 문제의식 없이 그렇게 짜인 각본대로 살아간다.

그리스도인 부모들은 단순히 진로 때문에, 다른 사람의 이목이 두려워서, 대학입시를 볼모로 하여 자녀를 세상 학교로 내몰아 세상 이치에 순응하게 만들어서는 안 된다. 성경의 원칙에 따라 말씀을 읽고 묵상하고 배우고 기도하며, 자신의 역량을 개발하는 가운데 마음껏 꿈을 펼칠 수 있는 교육 환경을 찾기 위해 발 벗고 나서야 한다. 마귀가 그리스도인 자녀들을 세상과 일치하게 하려고 파 놓은 함정에 빠지게 해서는 안 된다. 이제 세상 교육과 세상 학교가 어떤 모습을 하고 있는지, 그리고 무엇을 의도하고 있는지 알게 되었다면, 그러한 미혹의 덫 안으로 스스로 걸어 들어가는 어리석은 짓을 범해서는 안 될 것이다.

NOTES

NOTES

제5과

자녀를 위해 매를 들어야 하는 이유

『매를 들지 않는 자는 자기 자식을 미워하는 것이나, 자식을 사랑하는 자는 알맞은 때에 징계하느니라』(잠 13:24).

반항하는 자녀들

1. 이 세상의 모든 가정에는 반항적인 자녀들이 있기 마련이며, 성도의 가정 또한 예외일 수 없다. 성경은 자녀들이 죄를 짓고 반항하는 이유가 그들의 마음이 어리석음에 매여 있기 때문이라고 말씀한다.

『아이의 마음속에는 어리석음이 매여 있으나, 징계하는 막대기가 그에게서 이를 멀리 쫓아내리라』(잠 22:15).

2. 성경은 부모가 어리석은 자녀를 알아보고 훈육하고 징계해야 한다고 말씀한다.

1) **『아이라 할지라도 그의 행동으로 알 수 있나니, 그 행위가 순수한지, 또 그것이 옳은지 알 수 있느니라』**(잠 20:11).

➟ **아이들은 대부분 단순하고 개방적이며 행동이 직선적이다. 아이들은 투명한 유리그릇과 같아서 겉에서 속을 들여다볼 수 있다.** 불안정하게 흔들리는 눈빛, 다급한 발걸음, 갑자기 붉어지는 얼굴 등은 그 아이가 나쁜 짓을 했다는 것을 보여 준다. 아이는 자신의 내적 감정을 거의 감추지 못하기 때문에, 그의 표정과 동작을 보면 범죄 여부를 감지할 수 있다.

2) **『소망이 있을 때 네 아들을 징계하라. 그의 부르짖음으로 인하여 네 혼은 용서하지 말지니라』**(잠 19:18).

(1) **부모는 아이가 성장하여 부모를 힘으로 제압하기 전에 그를 매질로 제압해야 한다**. 아이가 너무 커서 매질할 수 없는 나이가 되면 아이를 바로잡을 소망이 사라진다. 어릴 때 휘어지는 가지를 바로잡지 못하면 그 나무는 비뚤어진 채로 자라게 된다. 네 살 때 복종하지 않는 아이는 사십 살이 되어도 복종하지 않는다. 잘못 자란 아이로 인해 부모가 부르짖는 것보다 아이가 어릴 때 부르짖고 바로잡히는 것이 더 낫다. 아이의 초기 교육이 그 아이의 운명을 결정한다.

(2) **매를 아끼면 아이를 망친다**. 아이를 너무 애지중지해서는 안 된다. "**어린아이**"가 부르짖는 것을 들을 때 부모가 자기감정을 이기지 못하여 매를 내려놓게 되면 아이를 망친다. 아이를 때려서 멍이 들게 할 만한 배짱이 없는 부모는 자식을 바르게 키울 수 없다.

3) 『**아이를 그가 마땅히 가야 할 길로 훈육하라. 그리하면 그가 늙어도 그 길을 떠나지 아니하리라**』(잠 22:6).

➠ **아이는 그가 가서는 안 될 길로 가라고 굳이 훈육하지 않아도 본능적으로 잘못된 길로 간다(시 51:5; 58:3)**. 이것은 아담의 타락한 본성으로 인해 자연스럽게 유전된 내적 본능이다. 그리스도인 부모는 아이에게 그가 그리스도인으로서 마땅히 가야 길을 가르쳐야 한다. 가정에서 아이는 음행, 도둑질, 거짓말 등이 잘못된 것이고 하나님의 계시를 거부하는 것이 큰 죄라는 것을 배워야 한다. **아이 자신의 충동을 통제하고 성경의 훈육에 복종하는 법을 가정에서 배워야 한다**.

어릴 때 마땅히 가서는 안 될 길로 가는 법을 교육받은 아이는 노년에 자신이 있어서는 안 될 장소에 있게 된다.

> 사형 집행을 기다리는 한 젊은이에게 목사가 말을 건네면서 자신이 도움이 될 만한 일이 없는지 물었다. 그 젊은이가 비통하게 소리를 질렀다. "우리가 이런 곳에 올 때까지 왜 아무도 우리를 도우려 하지 않았죠?" 아무에게서도 훈육을 받지 못한 아이는 훗날 전기의자나 교수대에 앉게 될 수도 있다.

4) **『매를 들지 않는 자는 자기 자식을 미워하는 것이나, 자식을 사랑하는 자는 알맞은 때에 징계하느니라』**(잠 13:24). 징계는 곧 사랑이다. 다음의 내용은 피터 럭크만 목사가 이 말씀과 관련하여 들었던 예화이다.

> 1880년대에 살았던 한 아버지가 20년 동안 반역하는 아들을 참아 오다가 마침내 회초리를 들기로 결정했다. 그 아들은 학교와 대학에서 비도덕적인 행위로 인해 여섯 번이나 퇴학을 당함으로써 그 가족을 수치스럽게 했다. "회초리"를 대기 전날 밤 아버지는 거의 두 시간 동안 기도했다. 그는 성경을 펼쳐 놓고 울면서 하나님께 자신이 좀 더 일찍 아들에게 매를 들지 않았던 것을 용서해 달라고 간구했다. 다음 날 점심 식사를 마치고 그 아버지는 아들에게 함께 "산책"을 하자고 청했다. 그들은 집에서 출발하여 약 1마일가량을 걸었고 작은 덤불 숲속에서 멈췄다. 아버지는 잭나이프를 꺼내서 버드나무 잔가지를 잘랐다. 지름이 약 4분의 3인치 두께였다. 그런 다음 아버지는 반역하는 아들을 향해 돌아서면서 이렇게 말했다. "아들아, 셔츠를 벗어라. 너를 회초리로 때려야겠다." 아들은 믿을 수 없다는 듯이 아버지를 쳐다보며 웃었다. 그러다가 아버지의 엄한 표정을 보고 아들은 도망가려 했지만, 아버지는 그의 길을 막고 다시 말했다. "아들아, 셔츠를

벗어라. 너는 매를 맞아야 한단다. 지금 이 자리에서 매를 맞아야만 하는 거야." 이번에는 아들이 마귀처럼 잔인하게 빙그레 웃으면서 날카로운 눈빛으로 아버지의 눈을 응시했다. 그러고는 이렇게 말했다. "아버지는 저를 때리지 못하실 거예요. 아버지는 그런 일을 하실 분이 아니거든요!" 그러자 노인은 부들부들 떨면서 털이 난 큰 주먹을 뻗치면서 아들의 셔츠를 붙잡았고 그를 질질 끌면서 거의 미치기 직전의 목소리로 이렇게 소리쳤다. "아들아, 이 아버지는 어젯밤 2층에서 무릎을 꿇고 네가 한 행동들에 대해 벌을 가하지 않은 것을 용서해 달라고 하나님께 간구했다. 하나님께서는 내게 너를 채찍질하라고 명령하셨고 나는 그렇게 하겠다고 주님께 약속했다. 우리 중 한 사람만이 이 숲을 살아서 떠나게 되든지 어쩌든지 그런 것은 중요하지 않다. 너는 마땅히 회초리를 맞아야 하기에 나는 너에게 매를 댈 거다." 노인은 이 젊은 부랑아를 강아지처럼 뒤흔들며 포효했다. "셔츠를 벗어! 벗으라고!" 결국 셔츠가 날아가고 매질이 끝났을 때 아버지와 아들 두 사람은 아들이 14세가 넘은 이후 처음으로 함께 무릎을 꿇고 기도했다. 매를 맞는 내내 울부짖지도 소리를 지르지도 않았던 아들이 기도를 마친 후 이렇게 말했다. "아버지, 아버지께서 살아 계시는 한 다시는 저 때문에 곤욕을 치르시는 일은 없을 거예요. 약속할게요!"

3. 매를 들지 않아서 망쳐 버린 구약 시대의 자녀들

1) 홉니와 피느하스(삼상 2-4장)

(1) 엘리의 두 아들은 주를 모르는 "벨리알의 아들들"이었다(삼상 2:12). 그들은 주의 제물을 멸시했고(12-17절) 성막에서 음행을 저질렀다

(22-25절). 엘리는 그런 아들들을 율법에 따라 엄벌하지 않았으니, 그 결과 그의 집안은 저주를 받게 되었다(27-36절).

(2) 주님께서는 홉니와 피느하스의 죄악을 다루는 문맥에서 아이 사무엘에 관한 구절을 짧게 삽입하셨는데(18,19절), 이 점은 홉니와 피느하스가 어릴 적부터 가정 교육이 잘못되어 있었음을 암시해 준다. 왜냐하면 『**아이 사무엘은 점점 자라면서 주와 사람들에게 모두 사랑을**』(26절) 받은 반면, 홉니와 피느하스는 성인이 되었음에도 주님을 모르는 벨리알의 자식들이었음을 대조해서 보여 주고 있기 때문이다. 홉니와 피느하스는 아버지가 제사장임에도 불구하고 자녀 교육이 아주 형편없었던 것이다.

(3) 엘리의 두 방탕한 아들들은 급기야 백성들의 요구에 성막의 궤까지 그들 멋대로 빼내 가는 죄를 범했고(삼상 4:4), 결국 자신들도 죽고(11절) 백발의 아버지도 목이 꺾여 무덤에 들어가게 하고 말았다(18절). 『**현명한 아들은 아버지를 기쁘게 하나, 어리석은 아들은 그의 어머니의 근심이니라**』(잠 10:1).

2) **아도니야**(왕상 1,2장)

(1) 다윗의 아들들 가운데 하나인 아도니야는 다윗 왕이 늙자 반역을 시도했다가 솔로몬에 의해 진압되었다. 그가 자신을 스스로 높여 왕이 되려고 한 이유에 대해 진리의 말씀인 성경은 다음과 같이 말씀한다. 『**그의 아버지가 한 번도 "어찌하여 네가 그렇게 행하였느냐?"라고 말함으로 그를 섭섭하게 한 적이 없었으며, 그가 또한 심히 준수하게 생겼으니, 그의 어머니가 압살롬 다음으로 그를 낳았더라**』(왕상 1:6).

(2) 아도니야는 이후 솔로몬의 어머니인 밧세바에게 와서 수넴 여인 아

비삭을 아내로 요구했다가 결국 솔로몬에 의해 죽임을 당했다(왕상 2:25). 책망을 듣지 않고 자란 아도니야에게 닥친 것은 반역과 때 이른 죽음이었던 것이다.

신약성경에서 말씀하는 징계

1. 에베소서 6:4과 골로새서 3:21

『너희 아비들아, 너희 자녀들을 성나게 하지 말고 주의 교훈과 훈계로 양육하라』(엡 6:4). 『아비들아, 너희 자녀를 성나게 하지 말라. 이는 그들이 낙심하지 않게 하려는 것이라』(골 3:21).

1) 부모들은 대개 자녀에게 호통을 치는 것을 훈육이라고 생각한다. 자녀에게 매번 호통치고 명령만 내리는 것은 자녀를 낙심케 하여 인격을 비뚤어지게 할 수 있다. **『아비들아, 너희 자녀를 성나게 하지 말라. 이는 그들이 낙심하지 않게 하려는 것이라』**(골 3:21). 반면 지나치게 귀여워하거나 너그럽게만 대하는 것도 아이를 망칠 수 있다.

2) 사도 바울이 제시하는 양육 방법은 "주의 교훈과 훈계로" 하라는 것이었다. 성경에 근거한 교훈과 훈계가 없는 양육은 언젠가 한계에 부딪히고, 바라는 것만큼의 열매를 맺지 못한다. 잠언에는 아버지가 자식에 주는 주의 훈계와 같은 말씀이 있다.

『내 아들아, 나의 법을 잊지 말고, 나의 계명들을 네 마음에 간직하라. 그리하면 그것들이 네 날들을 길게 하고 장수하는 것과 화평을 네게 더하리라. 자비와 진리가 너에게서 떠나지 않도록 그것들을 네 목에 걸며 네 마음판에 새기라. 그리하면 네가 하나님과 사람의 목전에서 은총과 인정을 받으리라. 네 마음을 다하여 **주**를 신뢰하고, 네 자신의 명철을 의지하지 말라. 네 모든 길들에서 그를 인정하라. 그리하면 그가 네 길들을 지도하시리라. 네 자신의 눈에 현명하게 되지 말라. **주**를 두려워하고 악에서 떠나라. 그것이 네 몸에 건강이 되며 네 뼈에 골수가 되리라. 네 재물과 네 모든 소산물의 첫열매들로 **주**를 공경하라. 그리하면 네 곳간이 가득 차고 네 포도즙틀에서는 새 포도주가 넘치리라. 내 아들아, **주**의 징계를 멸시하지 말고 그의 나무라심을 싫어하지 말라. 이는 **주**께서 사랑하시는 자를 꾸짖으시기를 마치 아버지가 기뻐하는 아들에게 하는 것같이 하심이라』(잠 3:1-12).

3) **말로 꾸짖어서 될 아이라면 말로 해도 되지만(잠 17:10), 말로 안 되는 아이는 체벌만이 답이다**. 체벌에 자신이 없는 부모는 사랑하는 아이를 완고한 자식으로 키워서 복음마저도 거부하는 지옥의 자식으로 만들 수 있다. 『**아이로부터 징계를 거두지 말라. 네가 그를 매질할지라도 그가 죽지 아니하리라. 너는 그를 매질해야 하리니, 그리하면 그의 혼을 지옥으로부터 구해 내리라**』(잠 23:13,14).

2. 히브리서 12:5-13

1) **히브리서 12장은 인간 아버지가 아닌 하나님께서 자신의 자녀들에게 내**

리시는 징계를 다룬다(9절).

2) 히브리서 12장의 징계는 구약의 잠언을 인용함으로써 그 권면을 시작한다. 『**또 마치 자녀들에게 했던 것과 같이 너희에게 권면하신 말씀을 잊었으니, 곧 "내 아들아, 주의 징계를 경시하지 말고, 책망을 받을 때에 낙심하지 말라. 주께서 그의 사랑하시는 자를 징계하시고, 그가 받으시는 아들마다 매질하시느니라."고 하신 것이라**』(히 12:5,6).

『내 아들아, 주의 징계를 멸시하지 말고 그의 나무라심을 싫어하지 말라. 이는 주께서 사랑하시는 자를 꾸짖으시기를 마치 아버지가 기뻐하는 아들에게 하는 것같이 하심이라』(잠 3:11,12).

3) 징계는 우리가 하나님의 자녀라는 증거 가운데 하나이다. 왜냐하면 사생아나 친아들이 아닌 자는 징계를 받지 않기 때문이다(7,8절).

4) 육신의 아버지의 징계를 존중했다면 『**영들의 아버지**』께는 더욱 복종하며 살아야 한다(9절). 왜냐하면 육신의 아버지는 앞뒤 가리지 않고 자기가 옳다고 생각한 대로 자식을 며칠 동안 징계할 수 있지만, 하나님 아버지께서는 우리의 유익을 위하시고 우리로 하여금 그분의 거룩하심의 참여자들이 되라고 징계하시기 때문이다(10절).

5) 하나님의 징계의 목적은 징계가 당시에는 즐겁지 않고 슬픈 것 같으나 후에 그로 인하여 훈련된 자들에게는 화평한 의의 열매를 맺게 하는 데 있다(11절). 하나님은 실로 우리의 유익을 위해 징계하시는 것이다(10절).

훈련이란 "인내"를 요구한다. 하나님의 징계를 받는 사람이 모두 다 열매를 맺는 것은 아니고, 그 징계로 훈련된 자들, 곧 징계를 "인내로 견딘" 사람만이 열매를 맺는 것이다. 구원받은 그리스도인이 하나님의 징계를 잘 견디어 내면 그는 후에 정금같이 단련되어 나오게 된다. 야고보서 1:3,4에서는 『**이는 너희 믿음의 시련이 인내를 만들어 내는 줄을 너희가 앎이라. 그러나 인내를 온전히 이루라. 이는 너희가 온전하고 잘 갖추어져 아무것도 부족함이 없게 하려 함이라.**』라고 말씀하고 있다. 고난 속에서 시험을 견뎌 내는 성도에게는 "생명의 면류관"과(약 1:12) 주님과 함께 다스리는 통치권이 약속되어 있다(딤후 2:12).

6) 하나님께 징계를 받는 자녀의 자세는 다음과 같아야 한다.

(1) 맥없이 처진 손과 쇠약한 무릎을 일으켜 세워야 한다(12절).

① 맥없이 처진 손을 일으켜 세우라는(lift up) 것은 "손을 들어 올려 기도하라"는 뜻이다.

② 쇠약한 무릎을 일으켜 세우라는(lift up) 것은 "주저앉아 낙심하지 말고 다시 일어서라"는 뜻이다(12절). 징계의 때에는 우리의 발을 위하여 곧은 길을 만들어 절뚝거리는 다리로 길에서 벗어나지 않고 오히려 고침을 받게 해야 한다(13절). 즉 스스로 죄의 길에서 벗어나 곧은 길을 걸어야 하는 것이다.

(2) 하나님께서는 그분의 자녀인 우리를 쓰러뜨리려고 징계하시는 것이 아니라 우리를 죄의 자리에서 일으켜 세우시려고 징계하시는 것이다. 따라서 징계의 때에는 하나님만을 앙망하며 새롭게 일어서야 한다. 『**오직 주를 앙망하는 자는 자기의 힘을 새롭게 하리니 독수**

리처럼 날개로 치솟을 것이요, 그들이 달려도 피곤치 않으며 걸어도 곤비치 아니하리라』(사 40:31). 이렇게 일어섰으면 악에서 떠나 진리의 곧은 길을 걸어가야 한다. 『**네 발이 가는 길을 잘 살펴 네 모든 길을 굳게 세우라. 오른편이나 왼편으로 돌이키지 말고, 네 발을 악에서 떠나게 하라**』(잠 4:26,27).

이스라엘의 징계와 회복

징계와 회복은 아버지 하나님께서 그분의 자녀를 양육하시는 방법이다. 이 점은 주님께서 『내 아들이요, 내 첫태생』(출 4:22)이라고 말씀하신 이스라엘 민족을 다루시는 데도 어김없이 적용된다.

1. 자기들의 메시아를 십자가에 못 박고 회개하기를 거부하는 유대인들은 『야곱의 고난의 때』(렘 30:7)라고 불리는 대환란으로 들어가서 "징계"를 받게 될 것이다.

➠ 『**주**께서 이스라엘과 유다에 관하여 이르신 말씀이 이러하니라. **주**가 이같이 말하노라. 우리가 떨림과 두려움의 목소리를 들었으나 화평의 목소리는 아니었느니라. 너희는 이제 물어 보라, 아이로 진통하는 남자가 있는지 알아보라. 내가 보니 마치 진통하는 여인처럼 남자들이 각기 자기 손으로 허리를 짚고 모든 얼굴들이 창백하게 변하는 것은 어쩐 일이냐? 슬프도다! 그 날이 크므로 어떤 때도 그와 같지 않나니 그 날은 야곱의

고난의 때라. 그러나 그는 그 고난에서 구원을 받으리라』(렘 30:4-7).

2. 대환란은 이스라엘 민족을 쓰러뜨려서 멸망하게 하려는 데에 그 징계의 목적이 있지 않다.

➠ 그 고난의 끝은 구원이라고 성경은 말씀하고 있으며, 이 점은 야곱의 하나님께서 그들을 집어넣으신 『**야곱의 고난의 때**』(렘 30:7)에 특별한 목적이 있음을 말해 준다. 즉 그 민족을 정결케 하시어 거룩한 왕국 백성으로 삼으시려고 하는 것이다.

『그때에 미카엘이 일어서리니, 이는 네 백성의 자손을 위하여 일어서는 위대한 통치자라. 또 고난의 때가 있으리니, 그것은 민족이 생긴 이래로 그 때까지 결코 없었던 것이라. 그 때에 네 백성이 구제될 것이니, 곧 그 책에 기록되어 발견될 모든 자들이라... 내가 들었으나 깨닫지는 못하였더라. 그때에 내가 말하기를 "오 내 주여, 이러한 일들의 마지막에는 어떻게 되겠나이까?" 하였더니... 많은 사람들이 정결케 될 것이며 희게 되고 연단되리라. 그러나 악인들은 악하게 행하리라』(단 12:1,8,10). 『그러므로 오 내 종 야곱아, 너는 두려워 말라. **주**가 말하노라. 오 이스라엘아, 놀라지 말라. 보라, 내가 너를 먼 곳으로부터, 네 씨를 그들이 사로잡힌 땅으로부터 구원하리니, 야곱이 돌아와서 편히 쉬고 평안할 것이요, 아무도 그를 두렵게 하지 못하리라... 내가 너를 흩어 버렸던 모든 민족들은 완전히 끝낼지라도 내가 너는 완전히 끝내지 아니할 것임이라. 그러나 내가 너를 공의로 바로잡으리니 너를 전혀 벌하지 않은 채 두지는 아니하리라』(렘 30:10,11). cf. 말라기 3:1-3, 스카랴 13:9

3. 이스라엘의 징계와 회복은 『권고를 듣고 훈계를 받으라. 그리하면 네가 말년에 지혜롭게 되리라.』(잠 19:20)라는 말씀에서 그 의미를 찾을 수 있다.

1) 대환란의 징계를 통과한 이스라엘 민족은 결국 자기들의 아버지이신 하나님의 "**권고와 훈계**"를 받아들여 율법을 지키는 민족이 될 것이고(렘 31:33,34), 그 "**말년**"에, 곧 그 민족이 회복될 때에 그들이 모세를 통해 율법을 받았던 그 처음 목적대로 지혜롭고 위대한 민족으로서 높임을 받게 될 것이다.

『내가 오늘 너희 앞에 정한 이 모든 법처럼 그러한 공의로운 규례들과 명령들을 가진 그렇게 위대한 민족이 어디 있느냐?』(신 4:8) 『그러므로 이제 만일 너희가 참으로 내 음성에 복종하고 나의 언약을 지키면 너희는 모든 백성보다 나에게 독특한 보물이 되리니, 이는 온 땅이 내 것임이라. 너희는 나에게 제사장들의 왕국이 되며 거룩한 민족이 되리라』(출 19:5,6).

2) 이스라엘의 민족적 징계와 회복은 히브리서 12장의 영적인 원칙을 정확히 보여 준다. 『**징계가 당시에는 즐겁지 않고 슬픈 것 같으나 후에 그로 인하여 훈련된 자들에게는 화평한 의의 열매를 맺느니라**』(히 12:11).

『오 **주**여, 주께서 징계하시며 주의 법으로 가르침을 받는 사람은 복이 있나니... **주**께서는 그의 백성을 던져 버리지 아니하실 것이며 그의 유업을 단념하지도 아니하시리로다』(시 94:12,14).

제5과
복습문제

1. 성경은 부모가 어리석은 자녀를 알아보고 훈육하고 (　　　　　　)해야 한다고 말씀한다.

2. 『(　　　　　　)이 있을 때 네 아들을 징계하라. 그의 부르짖음으로 인하여 네 혼은 용서하지 말지니라』(잠 19:18).

3. 『매를 들지 않는 자는 자기 자식을 미워하는 것이나, 자식을 (　　　　　　)하는 자는 알맞은 때에 징계하느니라』(잠 13:24).

4. 말로 안 되는 아이는 (사랑 , 체벌)만이 답이다.

5. 하나님의 징계의 목적은 징계가 당시에는 즐겁지 않고 슬픈 것 같으나 후에 그로 인하여 훈련된 자들에게는 화평한 (　　　　)의 열매를 맺게 하는 데 있다.

6. 이스라엘의 민족적 징계와 회복은 히브리서 (　　　　　)장의 영적인 원칙을 정확히 보여 준다.

■ 복습 문제의 정답은 홈페이지(www.solomonbtc.org)에서 확인할 수 있습니다.

NOTES

NOTES

제6과

당신도 훌륭한 부모가 될 수 있다

『너희 아비들아, 너희 자녀들을 성나게 하지 말고 주의 교훈과 훈계로 양육하라』 (엡 6:4).

요한 웨슬리의 어머니 수산나의 교육 방법

"요한 웨슬리"는 1703년 6월 28일, 영국 엡워스의 영국국교회 목사 "사무엘 웨슬리"와 "수산나" 사이에서 15번째 아이로 태어났다. "수산나"는 믿음 안에서 자라난 신실한 어머니로서 집안에 "가정 학교"를 만들어 19명의 자녀를 직접 가르쳤고 교과과목 및 교육방침도 직접 결정했다. 자녀 양육의 첫 번째 목표를 "규칙 생활"로 정하여 아이들의 방종을 제재함으로써 착실하게 기독교 교육을 했으며, 매일 저녁, 시간을 정해 놓고 개별 상담과 기도도 해 주었다. 이 "가정 학교"에는 "알파벳잔치"라는 것이 있었는데, 말하자면 자녀가 다섯 살이 되어 첫 공과를 배우기 시작한 날로서, 첫날에는 ABC를, 그다음 날부터는 창세기부터 보면서 철자법, 읽는 법, 쓰는 법 등을 가르쳤고, 산수, 문법, 역사, 지리도 차례로 가르쳤다. 사실 요한 웨슬리가 신실한 사역자로 자라날 수 있었던 그 배경에는 신실한 어머니의 영향이 컸다.

"수산나"가 자녀들을 교육하면서 세운 원칙과 방법 15가지를 소개하면 다음과 같다.

1. 항상 "정해진 규칙"에 따라 생활하도록 했다.

2. 자녀들이 "세 살" 될 무렵부터는 "매"(회초리)가 무섭다는 것을 알게 해서 나쁜 짓이나 잘못을 저지르지 않도록 했다.

3. 매를 맞을 때는 큰소리 내면서 울지 못하게 했다.

4. 거룩하고 성별된 삶을 살게 하려고 가능한 한 어렸을 때부터 사악하고 나쁜 성품과 성격을 고쳐 주려고 했다.

5. 말을 배우게 되었을 무렵에는, 곧바로 성경 구절을 외우게 했고, 기도하는 방법도 가르쳐서 잠잘 때와 깰 때 기도하게 했다.

6. 주일예배에 빠짐없이 참석하도록 가르쳤고, 가족 기도회에도 반드시 참여하게 했다.

7. 일찍 자고 일찍 일어나게 했으며, 약속은 반드시 지키게 했다.

8. 언제 어디서든지 상대를 공경하는 말을 쓰게 했고, 속된 말을 못하도록 했는데, 심지어 집안에서 일하는 하녀들에게도 공경하는 말을 하게 했다. 또한 잘못한 언행에 대해서는 결코 그냥 지나치지 않았다.

9. 잘못한 것에 대해 정직하게 고백할 때는 용서를 해 주었는데, "거짓말"에 대해서만큼은 용서하지 않고 엄하게 다스렸다.

10. 순종한 일에 대해서는 항상 칭찬해 주었고, 때로는 상도 주었으며, 설령 성공을 못 했어도 일단 순종한 일에 대해서는 따뜻하게 인정해 주었고 다음에는 꼭 성공할 수 있는 방법을 가르쳐 주었다.

11. 각자의 소유물에 대한 권리는 반드시 보호받게 했고, 아무리 작은 소유라도 남의 것을 침해하지 못하게 했다.

12. 아무도 글을 읽을 수 있을 때까지는 일을 시키지 않았다.

13. 자녀를 다룰 때 "엄격함"과 "느슨함"을 균형 있게 사용했다.

14. 사춘기에 들어서게 되면 "육욕적인 사랑"을 피하도록 교육했다.

15. 매주 1회, 한두 시간 동안 한 명씩 만나 상담했다.

그리스도인 부모를 위한 마지막 조언

1. "책임감" 있는 부모가 되되, 특히 "자녀 양육"에 있어서 그렇게 해야 한다.

1) "남편"(아버지)이 가정의 모든 주도권과 책임을 올바르게 가지고 올바르게 행사해야 가정이 올바르게 세워진다. 남편은 "아내의 의견"을 충분히 숙고하고 고려하되, 반드시 크고 작은 모든 문제에 있어서 최종적인 결정을 내려야 하고, 그 결정에 대한 모든 책임을 스스로 지되 그 짐을 비겁하게 아내에게 떠넘겨서는 안 된다.

2) 부모, 특히 "아버지"는 자녀 양육에 대해 책임감을 느껴야 하고, 자녀를 훈육하는 일에 있어서 적극적으로 개입해야 한다(잠 22:6). 현대의 부모들 대부분이 그러하듯이 자녀 양육을 "아내"에게만 전적으로 맡겨 놓지 말아야 한다.

2. 부모는 모든 면에서 자녀들의 "본"이 되어야 한다.

1) "아들은 아버지의 뒷모습을 보고 배운다."라는 말이 있다. 그만큼 자녀 양육을 주도하는 권위 있는 아버지의 모습 속에서 아들은 좀 더 강하게 자랄 수 있고, 또 세상을 살아가는 데 필요한 더 큰 힘을 얻을 수 있다.

2) 우리가 심고 거두는 것 중 상당 부분이 우리 자녀들의 성장 과정과 밀접한 연관이 있는데, 곧 감수성이 몹시 강한 자녀들은 부모의 말과 행위를

보면서 흉내 내는 것은 물론, 부모의 무의식적인 태도까지 그들의 몸에 익히게 되는 것이다.

〈아이들은 그들의 삶을 통해 배운다〉
- 도로시 로 놀트 -

비판 속에 사는 아이, 정죄하는 법을 배우고,
적대감 속에 사는 아이, 싸우는 법을 배우고,
조롱 속에 사는 아이, 부끄러워하는 법을 배우고,
수치 속에 사는 아이, 죄책감 느끼는 법을 배우고,
인내 속에 사는 아이, 참는 법을 배우고,
격려 속에 사는 아이, 자신감을 배우고,
칭찬 속에 사는 아이, 감사하는 법을 배우고,
공평함 속에 사는 아이, 정의를 배우고,
안전함 속에 사는 아이, 믿음을 지니는 법을 배우고,
인정 속에 사는 아이, 자신을 좋아하는 법을 배우고,
용인과 우정 속에 사는 아이, 세상에서 사랑을 찾는 법을 배운다.

3. 하나님을 첫째로 사랑하고 두려워하는 자녀들로 양육해야 한다.

1) 세상의 인본주의적 가치관이 아닌 "성경적 가치관"으로 자녀들을 양육하고, 하나님을 사랑하고 두려워하는 법을 그들에게 가르쳐야 한다.

2) 20세기 초 "미국의 석유왕"으로 불렸던 "존 록펠러"는 자신의 성공비결에 대해 "어머니 엘리자의 신앙 유산의 힘 때문"이라고 말했다. 그녀는 아들 록펠러에게 다음 열 가지 신앙 유산을 남겼다.

(1) "하나님 아버지를 육신의 친아버지 이상으로 섬겨야 한다." 육신의 아버지가 생계를 위해 필요한 모든 것을 공급해 주지만, 더 중요한 공급자는 다름 아닌 하나님 아버지이시다.

(2) "교회의 양 무리를 돌보는 목사님을 하나님 다음으로 섬겨야 한다." 목사님과 좋은 관계를 유지하면서 하나님의 말씀을 듣고 따르는 것이야말로 복된 길이기 때문이다.

(3) "특별한 일이 없는 한 주일예배는 반드시 본 교회에서 드려야 한다." 하나님의 자녀로서 교회 안에서 신실하게 섬기되, 가능한 한 주일예배만큼은 본 교회에 참석하여 예배드리는 것이 중요하다.

(4) "오른쪽 주머니는 항상 십일조 주머니로 삼아야 한다." 이는 수입이 생기면 항상 하나님의 것인 십일조를 먼저 따로 떼어 놓는 습관을 유지하기 위해서다.

(5) "될 수 있는 한 아무도 원수로 만들지 말아야 한다." 다른 사람들과의 관계가 좋지 않으면 어쩔 수 없이 그들과 거리를 두어야 하므로 관여하는 일마다 장애요소가 될 수 있기 때문이다.

(6) "아침에 일어나면 목표를 세우고 기도부터 해야 한다." 하루를 시작하기 전에 오늘 해야 할 일을 하나님께 맡기고, 주님께서 모든 일에 함께하여 주실 것을 온전히 믿는 기도가 필요하다.

(7) "잠자리에 들기 전에는 하루를 반성하고 기도해야 한다." 알게 모르게 계속해서 짓는 죄를 가능한 한 빨리 회개하여 죄로 인한 어려움과 고통을 피해야 한다.

(8) "아침에는 꼭 하나님의 말씀인 성경을 읽어야 한다." 언제 어떤 상황에서든지 하나님께서 말씀하시는 것을 듣는 시간이 필요하다.

(9) "다른 사람을 도울 수 있을 때 힘껏 도와야 한다." 그뿐만 아니라 자신이 도와준 일에 대해서는 절대로 나팔을 불거나 생색내서는 안

된다.

(10) "**예배시간에는 항상 앞에 앉아야 한다**." 예배를 드리고 말씀을 듣는 일에 관한 한 그 누구보다도 앞장서서 하려는 노력이 필요하다.

4. 가정을 지상에서 가장 밝고 가장 매력적인 곳으로 만들어야 한다(존 W. 로렌스의 저서 〈추수의 일곱 법칙〉, pp.63-65에서 발췌)

1) 가정을 인생에서 사랑과 기쁨과 화평과 오래 참음과 친절과 선함과 믿음과 온유와 절제라는 성령의 열매가 풍성하게 맺히는 아름답고 생동감 있는 가정으로 만들어야 한다.

2) 자녀들이 자기의 친구들을 가정과 식탁에 초대하여 그들로 하여금 지상의 그 어떤 곳보다도 오랫동안 머물게 할 수 있는 가정을 만들어야 한다. 이를 위해서는 "뛰어난 유머 감각과 위트"를 지닐 필요가 있고, 또 온 가족이 하나가 되어 그러한 가정이 될 수 있도록 노력해야 한다.

3) 몇몇 제한된 일상적인 의무를 수행하도록 자녀들에게 책임을 부여해야 한다. 자녀들이 혼자 힘으로 할 수 있는 일을 결코 대신해 주어서는 안 된다. 그렇지 않으면 그 아이를 의존적인 절름발이로 만들게 될 것이다.

자녀 양육과 관련하여 이런 말들이 있다. "나이든 아이들의 응석을 받아 주지 말라." "아이들에게는 말이 아니라 본이 필요하다." "아이들의 관심사는 모든 인류의 관심사이다." "동심은 돌아올 수 있어도 젊음을 결코 돌이킬 수는 없다." "어릴 때는 이성이 잠을 잔다." "작은 아이는 돼지이고, 큰 아이는 늑대이다." "아이들은 엄마의 앞치마 자락을 밟다가 커서는 마음의 자락을 짓밟는다." "아이를 훈육하는 사람은 먼저 자기 자신을 훈육하라."

4) 분노에 휩싸여서 자녀들을 벌하는 일이 생겨서는 안 된다. 반면에 자녀들이 진정으로 벌을 받아야 하는 상황에서는 주님께서 우리를 벌하시는 정도와 방법으로만 그들을 벌해야 한다.

5) 자녀들과 함께 하나님의 말씀인 성경에 관하여 대화를 나눠야 한다.

6) 한 "인격체"인 자녀들을 비하하지 말고, 오히려 그들의 능력을 격려하며, 그들의 약점과 좌절의 요인에 관해 도움을 주어야 한다. 칭찬을 아끼지 말고, 자녀들의 실수에 대해 비웃거나 정죄하지 말아야 한다.

7) 자녀들 앞에서는 언제나 정직하게 살되, 설령 실패했을 경우라도 자신의 약점을 자백하고 자녀들의 용서 구하기를 주저하지 말아야 한다.

8) 자녀들에게 "나는 너를 사랑한다."라고 말해야 한다. 그들을 대함에 있어서 존중을 표하고 그 사랑을 보여 주어야 한다.

9) 인격을 형성하는 일이 돈을 버는 일보다 더 중요하다는 사실을 자녀들의 마음속에 조심스럽게 그리고 깊이 있게 심어주어야 한다.

10) 기도에 힘쓰고 자신의 실수들을 주님 앞에서 정직하게 인정하되, 회개하고

겸손한 마음으로 성취할 수 있는 것이 많이 있다는 것을 알려줘야 한다.

〈아들을 위한 기도〉

- 더글라스 맥아더 장군 -

오 주여, 자신이 약할 때를 알 만큼 강하고,
두려울 때 자신과 맞설 만큼 담대한 아들을 나에게 세우소서.
정직한 패배에 자랑스러워하고, 소신을 굽히지 않지만,
승리에는 겸손하고 온유한 그런 아들을 세우소서.
그의 소망이 그의 행위를 대신하지 않을 아들을, 주님을 알고,
주님을 아는 것이 지식의 초석임을 아는 아들을 나에게 세우소서.
내가 기도하오니, 그를 쉽고 편한 길로 보내지 마시고,
어려움과 도전이 있는 거리와 낭떠러지에 보내소서.
그곳에서 폭풍에 맞서는 법을 배우게 하시고,
그곳에서 실패하는 자들에 대한 연민을 배우게 하소서.
그의 마음이 분명하고, 목표를 높이 잡는 아들을,
타인을 지배하기 전에 자신을 지배하는 아들을 세우소서.
웃는 법을 배우나 우는 법을 절대 잊지 않을 아들을,
미래로 뻗어 나가나 결코 과거를 잊지 않을 아들을 세우소서.
그리고 이 모든 것이 그의 소유가 된 후에
내가 이것을 기도하오니, 그가 늘 진지하면서도 자신을 너무 심각하게
받아들이지 않을 만큼 충분한 유머 감각을 갖게 하소서.
그가 늘 참된 위대함의 단순함을 기억하도록 그에게 겸손함을 주시고,
참된 지혜에 대해 열린 마음을, 참된 강함에 대해 온유함을 주소서.
그리하면 그의 아버지인 내가 "헛되이 살지 않았나이다."라고
담대하게 속삭일 것이니이다.

자녀는 하나님의 유업이다(시 127:3). 하나님을 온전히 섬기고 진리를 실행하며 살도록 해 주어야 한다. 귀한 자녀를 세상을 위해 살도록 만들지 말라. 하나님의 자녀는 풍성한 그리스도인의 삶을 살 권리와 특권이 있다. 다른 집 아이가 납치된 것에 대해서는 안타까워하면서도 정작 자신의 자녀가 사탄에게 유괴당하는 것은 멀뚱멀뚱 바라보고만 있지는 않은가? 부주의하고 게으른 아버지로 인해 하나님께서 맡겨주신 자녀들을 세상에 빼앗겨서는 결코 안 될 것이다. 아름다운 가정, 행복한 가정, 간증 있는 가정을 진정으로 원하는가? 남편이여, 아버지여, 기도하라. 하나님께서 세우신 가정을 잘 지키고 보호할 수 있는 마음의 소원과 지혜와 능력을 주시도록 기도해야 하는 것이다.

■ 새롭게 깨달았거나 적용할 내용이 있다면 적어 보세요. ■

NOTES

NOTES

NOTES

< 추 천 도 서 >

추수의 일곱 법칙

존 W.로렌스 지음 / 208쪽 /
5,500원(eBook 3,900원)

이 책은 많은 그리스도인이 왜 그처럼 무력한 삶을 사는지에 대해 해답을 제시한다. 그리스도인들 대부분이 씨 뿌림과 수확이라는 엄연한 현실을 다루는 하나님의 영적 법칙들을 깨닫지 못하고 있는 것이다. 이제 그에 관한 일곱 가지 법칙을 살펴보도록 하자.

응답받은 기도

로잘린드 고포드 지음 / 192쪽 /
6,000원(eBook 3,900원)

로잘린드 고포드 자매와 중국 본토 개척선교사인 남편 조나단 고포드는 의화단의 난 당시 전쟁의 최전선에 있었고, 자신들의 열렬한 소망과 간구에까지 뻗어 주신 하나님의 강력한 손을 보았다. 이 책은 고난과 위기를 모아 엮은 감동의 기록이다.

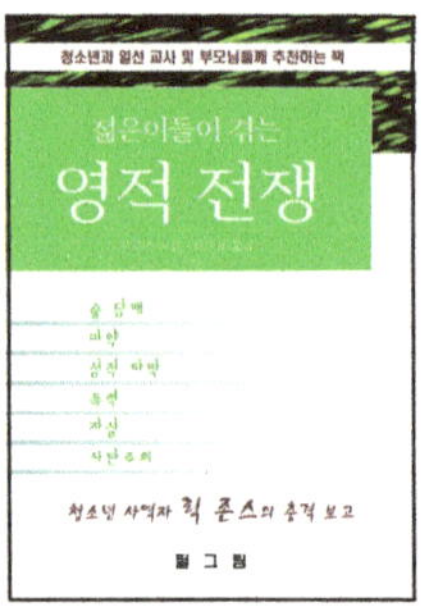

젊은이들이 겪는 영적 전쟁

릭 존스 지음 / 280쪽 /
8,000원(eBook 4,900원)

본서는 사탄의 그물에 빠져든 젊은이들의 눈을 뜨게 해 주며, 동시에 그들을 복음으로 초청한다. 또한 청소년들의 지도 교사와 상담자들, 학부모들의 필독서이다. 수년 동안 청소년들을 다루어 온 청소년 상담 전문가인 저자의 생생한 기록이다.

피터 럭크만의 주석서 잠언

피터 S.럭크만 지음 / 786쪽 /
32,000원(eBook 총2권 분권 각 7,000원)

한글 개역성경에는 많은 오류가 있지만, 특히 잠언에 가장 많은 오류를 범해 놓고 있다. 조언과 지침이 다른데 어떻게 믿고 따를 수 있겠는가? 피터 럭크만의 주석서 잠언은 성경 구절을 성경 구절로 증명했기 때문에 더 이상의 설명이 필요 없는 참다운 잠언 주석서이다.

솔로몬 성경공부 시리즈

훌륭한 부모가 되기 위한 조건

초판1쇄 2021년 5월 6일
초판2쇄 2021년 5월 28일
지 은 이 / 편 집 부
발 행 인 / 이 송 오
발 행 처 / 말씀보존학회
출판등록 / 1988. 12. 12. 제16-223호
주 소 / 서울 강서우체국 사서함 제90호
전 화 / (02) 2665 - 3743
팩 스 / (02) 2665 - 3302
인 터 넷 / www.biblemaster.co.kr

값 10,000 원